ACCESO GRATIS *a la Lectura en la Nube*

Para visualizar el libro electrónico en la nube de lectura envíe junto a su nombre y apellidos una fotografía del código de barras situado en la contraportada del libro y otra del ticket de compra a la dirección:

ebooktirant@tirant.com

En un máximo de 72 horas laborales le enviaremos el código de acceso con sus instrucciones.

DERECHOS FUNDAMENTALES Y LA IGUALDAD DE GÉNERO

Un enfoque integral de la Perspectiva de Género en la Legislación

DERECHOS FUNDAMENTALES Y LA IGUALDAD DE GÉNERO

Un enfoque integral de la Perspectiva de Género en la Legislación

FRANCISCO MARHUENDA
TIFFANY SÁNCHEZ-CABEZUDO

tirant lo blanch
Valencia, 2024

En caso de erratas y actualizaciones, la Editorial Tirant lo Blanch publicará la pertinente corrección en la página web www.tirant.com.

EDITA: TIRANT LO BLANCH
C/ Artes Gráficas, 14 - 46010 - Valencia
TELFS.: 96/361 00 48 - 50
FAX: 96/369 41 51
Email: tlb@tirant.com
www.tirant.com
Librería virtual: www.tirant.es
DEPÓSITO LEGAL: V-2141-2024
ISBN: 978-84-1071-383-3
MAQUETA: Innovatext

Si tiene alguna queja o sugerencia, envíenos un mail a: *atencioncliente@tirant.com*. En caso de no ser atendida su sugerencia, por favor, lea en *www.tirant.net/index.php/empresa/politicas-de-empresa* nuestro procedimiento de quejas.

Responsabilidad Social Corporativa: http://www.tirant.net/Docs/RSCTirant.pdf

Índice

Capítulo V

EL EQUILIBRO EN LA DIVERSIDAD: LA PERSPECTIVA DE GÉNERO

Capítulo I

Confluencia de derechos fundamentales, iusnaturalismo y positivismo jurídico

1. UNA APROXIMACIÓN AL DERECHO DESDE DIFERENTES ENFOQUES DOCTRINALES

Antes de entrar en profundidad para hablar de los Derechos fundamentales, es recomendable comenzar por el principio, definiendo el Derecho, que es lo que regula las relaciones entre los individuos, con el objetivo de mantener el orden social, y así proteger sus derechos. Sin Derecho habría caos, violencia, y desorden.

El Diccionario de la Real Academia Española presenta 25 definiciones, dependiendo del contexto en el que se utilice, lo que indica su naturaleza y carácter abierto, tanto que la doctrina no está de acuerdo en cuál es el concepto que desde un punto de vista jurídico es el más adecuado, y que mejor representa su finalidad. Esto se debe también a que, la finalidad del Derecho tampoco es una materia ajena a discusión, aunque nosotros hemos señalado unos objetivos que son los más aceptados doctrinalmente.

Así pues, las definiciones doctrinales más emblemáticas son, por un lado, la de Santo Tomás de Aquino, que propone un concepto de Derecho iusnaturalista, identificando el Derecho con lo justo, y que "consiste en una cierta obra adecuada a otra según algún modo de igualdad". Según esta visión, el Derecho se compone de leyes destinadas al bien común y son válidas cuando se ajustan a lo que es considerado justo, siendo imprescindible que haya una cierta igualdad en su aplicación[1].

Para Locke, el Derecho se identifica con "lo correcto"[2], de forma que el Derecho es el conjunto de leyes y normas que han sido creadas previamente por el poder legislativo. Sostiene el autor que las normas legales deben fungir como barreras destinadas a restringir el "poder o dominio" que cada

---

1 RUIZ RODRÍGUEZ, V. "Santo Tomás de Aquino en la filosofía del Derecho ", *Enclaves del pensamiento,* núm. 19, México D. F. 2016, p. 18.

2 LOCKE, J. *Segundo Tratado sobre el Gobierno Civil: un ensayo acerca del verdadero origen, alcance y fin del gobierno civil,* Tecnos, Madrid, 2006, p. 222.

individuo pueda ejercer sobre los demás. En su concepción, el Derecho se configura como un conjunto de reglas diseñadas para limitar las acciones individuales, facilitando así la convivencia armoniosa.

Locke también sugiere que los derechos tienen una cualidad análoga a un poder moral que altera la interacción entre los derechos y deberes de los ciudadanos, estableciendo una correlación entre ambas dimensiones. Aunque la obligación de ejercer un derecho particular es total, subraya que esta obligación no siempre es imperativa. Esto implica que la realización de ciertos derechos puede no ser obligatoria, incluso cuando existe la obligación fundamental de respetarlos. Pero, al mismo tiempo, "la obligatoriedad permanente de ciertos deberes propios conlleva la obligatoriedad también permanente de los derechos correlacionados"[3].

Por su parte, para Kant el Derecho es "un conjunto de condiciones bajo las cuales el arbitrio de cada uno puede conciliarse con el arbitrio del otro según una ley universal de la libertad (...) si un determinado uso de la libertad misma es un obstáculo a la libertad según leyes universales entonces la coacción que se le opone, en tanto que obstáculos frente a lo que obstaculiza la libertad, concuerda con la libertad según leyes universales; es decir, es conforme al Derecho; por consiguiente, al Derecho está unida a la vez la facultad de coaccionar a quien lo viola, según el principio de contradicción"[4]. En otras palabras, el Derecho es un mecanismo de libertad; sin embargo, es necesario que existan normas coactivas para cuando se realizan conductas contrarias a Derecho, en cuyo caso se debe sancionar. Por ello, para este autor la noción de coacción está ligada al Derecho.

Kelsen, identifica el Derecho como "órdenes coactivos que reaccionan ante un acto coactivo". Definición íntimamente ligada a la de Kant, ya que para ambos, el Derecho presenta una íntima relación o una conexión entre la libertad y la coacción.

Para Hart, uno de los autores más influyentes de la filosofía jurídica y representante más afamado del positivismo jurídico[5], el Derecho "son aquellas áreas de conducta donde mucho debe dejarse para que sea desarrollado por los tribunales, o por los funcionarios que procuran hallar un compromiso, a la luz de las circunstancias, entre los intereses en conflicto, cuyo peso varía de caso a caso". Se trata de un autor que define el Derecho

---

3 FERNÁNDEZ PEYCHAUX, D. "El concepto de Derecho en Locke", Óp. cit. pp. 29-33.

4 KANT, I. *Metafísica de las costumbres,* Tecnos, Madrid, 1989, pp. 39-41.

5 HART, H. L. *El concepto de Derecho,* Editora Nacional, México D. F. 1980, p. 168.

desde una perspectiva positivista, es decir, no lo define en relación con la justicia o a ciertos valores, sino, que lo identifica como un conjunto de normas, diferenciando el Derecho de la moral[6]. Para él, el Derecho está integrado por reglas diferentes desde un punto de vista lógico, según el cual el sistema jurídico cuenta con dos tipos de reglas, las primarias y las secundarias, sirviendo estas últimas como complemento necesario para subsanar aquellos defectos que las reglas primarias presentan.

Las reglas primarias imponen obligaciones, y exigen que se realicen o se abstengan de realizar determinas acciones, mientras que las reglas secundarias, por su parte, otorga una serie de potestades. Dentro de las reglas secundarias, se distinguen tres grupos: las reglas de decisión, las reglas de modificación y las reglas de reconocimiento. Estas últimas son las más importantes, ya que se trata de las reglas que permiten determinar los criterios que tiene que cumplir una norma para tener validez jurídica y así puedan pertenecer al sistema jurídico[7].

Cabe destacar que las reglas de decisión cumplen la función de valoración de las reglas primarias, requiriéndose una decisión por parte de una autoridad para considerar que la regla primaria, con un contenido establecido de manera oficial, ha sido quebrantada[8]. Y, por su parte, las reglas de modificación permiten establecer de qué forma las reglas del sistema jurídico pueden ser modificadas o suprimidas y las nuevas reglas pueden ser puestas en vigor. Estas reglas de modificación determinan tanto la derogación de las reglas existentes como la introducción de nuevas reglas en el sistema jurídico. Estos tres tipos de reglas secundarias gozan de una interdependencia recíproca, debido a que las reglas de decisión y de modificación presuponen una regla de reconocimiento. Así pues, la teoría de la validez de la norma se ilustra en el concepto de Derecho que Hart presenta por cuanto hace cumplir ciertos criterios para que la norma adquiera el carácter jurídico[9].

Es destacable el pensamiento jurídico de Alf Ross, a la hora de abordar el concepto de Derecho. Su pensamiento pasó por cuatro fases, tal como afirma López Hernández: Una primera fase llevada a cabo bajo la

---

6 FUERTES-PLANAS ALEIX, C. "Validez, obligatoriedad, y eficacia del Derecho", *Anuario de Derechos Humanos, Nueva Época*, vol. 8, Madrid, 2007, p. 133.

7 AGUILÓ REGLA, J. "Sobre definiciones y normas", *Revista Doxa*, núm. 12, Alicante, 1990, pp. 273-283.

8 ROJAS AMANDI, V. "El concepto de Derecho en Ronald Dworkin", *Revista de la Facultad de Derecho de México*, vol. 56, núm. 246, México D. F. 2006, pp. 97-98.

9 *Ibídem*, pp. 101-102.

influencia de Kelsen, otra segunda fase en la que asume el realismo jurídico influido por Hägerström, la tercera fase en la que se aplica la tesis del positivismo lógico, y una cuarta y última fase que es la de la filosofía del lenguaje ordinario.

Partiendo de las dos últimas fases, lo primero que hace en la penúltima fase Ross es distinguir, para llegar a un concepto de Derecho, entre la dogmática que expone cuál es el Derecho vigente de un país, y la Filosofía del Derecho que estudia qué es el Derecho vigente, centrándose en el concepto de Derecho. Así, en el contexto del positivismo lógico, la filosofía del Derecho comparte con la filosofía jurídica tradicional la tarea de estudiar el concepto o la naturaleza del Derecho, aunque con enfoques y metodologías diferentes. En este caso, se destaca el análisis del lenguaje de la ciencia jurídica como un medio para controlar los enunciados y asegurar que tengan significado, evitando expresiones sin sentido propias de la metafísica. En otras palabras, para que las normas no carezcan de valor, es necesario dotarlas de un contenido que haga que la sociedad cumpla con ellas[10].

Parte el autor de, la importancia del principio de verificación dentro del positivismo lógico, de forma que un enunciado solo tiene significado si puede ser verificado por la experiencia. Pues para Ross, a partir de esta idea, recoge las proposiciones científicas diferenciando entre verificables y significativas, y las proposiciones metafísicas, las primeras tienen significado porque se pueden comprobar pero las segundas no, pues son imposibles comprobarlas. En otras palabras, según el positivismo lógico, un enunciado no verificable carece de sentido, así solo son consideradas significativas aquellas proposiciones que se pueden verificar, a través de los hechos empíricos o por la experiencia.

Según Ross[11], el positivismo lógico aboga por limitar el significado a lo verificable empíricamente, dividiendo así las proposiciones en aquellas que son científicas y cognoscitivas, y aquellas que son metafísicas y carecen de significado desde su perspectiva. De modo que, según la evolución de Ross, "el Derecho también puede ser considerado como algo que consiste parcialmente en fenómenos jurídicos y parcialmente en normas jurídicas, en correlación mutua", y el Derecho vigente significa "el conjunto abstrac-

10 ATIENZA, M. y RUIZ MANERO, J. "La regla de reconocimiento y el valor normativo de la Constitución (Una aproximación desde la teoría del Derecho)", *Revista Española de Derecho Constitucional*, núm. 47, Madrid, 1996, pp. 29-53

11 R. HERNÁNDEZ MARÍN, *Historia de la filosofía del Derecho contemporánea*, Tecnos, Madrid, 1989, p. 178

to de ideas normativas que sirven como un esquema de interpretación para los fenómenos del derecho en acción, lo que a su vez significa que estas normas son efectivamente obedecidas y que lo son porque ellas son experimentadas y sentidas como socialmente obligatorias".

El autor divide el significado en expresivo y representativo, y establece que las expresiones descriptivas, también llamadas aserciones, son las únicas que tienen significado representativo. En contraste, las expresiones normativas, como las normas jurídicas, son consideradas expresiones directivas, es decir, tienen significado expresivo y están destinadas a dirigir la conducta de otros. De esta forma, dado que las normas jurídicas no poseen significado representativo, es responsabilidad de la ciencia otorgarles ese significado al convertir las directivas en aserciones.

En este contexto, sugiere Ross que las normas de Derecho para que sean cumplidas, necesitan que se conciban como un conjunto abstracto que, cuando es seguido y experimentado por los individuos, proporciona coherencia y significado a las acciones en el ámbito jurídico, al tiempo que genera un sentido de obligatoriedad en quienes participan en la interacción jurídica[12].

Estas normas jurídicas son de dos clases, las normas de conducta y las normas de competencia. Las primeras lo que haces es establecer determinadas conductas y se refieren a individuos particulares, mientras que las de competencia crean un poder o una autoridad para actuar y se refiere a los jueces y otras autoridades. Ambos tipos de normas están relacionadas estrechamente. Por lo que la equiparación de ambas normas proporciona el concepto de Derecho vigente, entendido según Ross, como un orden jurídico nacional, en un cuerpo integrado de reglas que determinan las condiciones bajo las cuales se debe ejercer la fuerza física contra una persona; el orden jurídico nacional establece un aparato de autoridades públicas cuya función es ordenar y llevar a cabo el ejercicio de la fuerza en casos específicos.

Según el autor, "el Concepto de vigencia del Derecho descansa, de acuerdo con lo que llevamos dicho, en la hipótesis referentes a la vida espiritual del juez". Por lo tanto[13], el criterio de verificación de lo que es Derecho vigente en un país y en un tiempo determinado lo proporcionan

---

12 AYER, A. J. *Lenguaje, verdad y lógica*, trad. M. Suárez, Martínez Roca, Barcelona, 1971, p. 123

13 KRAVR, V. *El Círculo de Viena*, trad. F. Gracia, Taurus, Madrid, 1966, p. 39

las decisiones de los jueces, las decisiones que se basan en que estos obedecen ciertas normas, y porque les sienten como socialmente obligatorias.

Así, llega Ross al concepto de Derecho considerándolo como un conjunto de normas que se refieren al ejercicio de la fuerza, componiéndose el Derecho de normas de conducta y de competencias, éstas últimas, crean autoridad para que se elaboren nuevas normas y ejerzan la fuerza de acuerdo con todas las normas. Esto hace que el Derecho sea una realidad institucional, algo que existe de manera objetiva y exterior. Aunque posteriormente, el autor realizará un cambio de posición y se dedica más al análisis del lenguaje en el que se expresa directamente el Derecho, es decir, el lenguaje de las normas jurídicas, distinguiendo diversos tipos de discurso, que como dice López Hernández, centra su atención especialmente en el discurso directivo[14].

En conclusión, la tarea de delinear una definición universalmente aceptada del concepto de Derecho se revela como una tarea compleja y multifacética. Tal complejidad se deriva, en gran medida, de la coexistencia de múltiples perspectivas teóricas que abordan la naturaleza del Derecho desde ángulos distintos y, en ocasiones, divergentes. Desde los enfoques iusnaturalistas, que enfatizan la existencia de principios jurídicos universales y objetivos inherentes a la naturaleza humana, hasta el positivismo jurídico, que sostiene la primacía de las normas establecidas por autoridades legítimas dentro de una sociedad, el espectro teórico es vasto y diverso.

Entre estas perspectivas, destacan contribuciones significativas como la importancia del lenguaje jurídico en la configuración y comprensión del Derecho, así como la propuesta de Alf Ross sobre la verificación empírica de los fenómenos jurídicos, lo cual subraya la necesidad de un análisis que trascienda los meros postulados teóricos para anclar el Derecho en la realidad social y observacional.

Así, la búsqueda de una definición del Derecho que logre capturar su esencia plena se presenta como un desafío intelectual de primer orden. No obstante, este desafío no debe verse como un obstáculo insuperable, sino más bien como una invitación al diálogo continuo entre las distintas corrientes de pensamiento jurídico. Es precisamente en la convergencia y el debate de estas diversas perspectivas donde puede emerger una comprensión más rica y matizada del Derecho y su función dentro de la sociedad.

---

14 LÓPEZ HERNÁNDEZ,J. "El concepto de Derecho de Alf Ross en su etapa analítica", *Anuario de filosofía del Derecho*, 2004.

2. LOS PROBLEMAS TERMINOLÓGICOS DEL DERECHO SEGÚN PECES-BARBA

Los problemas terminológicos que el Derecho presenta, según Gregorio Peces-Barba son; la ambigüedad, vaguedad y emotividad del lenguaje legal[15].

La ambigüedad del Derecho radica en su capacidad para ser interpretado de diversas maneras, adquiriendo significados distintos según su aplicación. El término "Derecho" puede referirse a derechos subjetivos, como la vida, la integridad física y la igualdad, o al conjunto de normas que conforman el ordenamiento jurídico. Guastini destaca la necesidad de utilizar el término "Derecho objetivo" para diferenciar estas perspectivas. Además, el concepto de Derecho puede emplearse como sinónimo de justicia o en el ámbito de la ciencia jurídica[16].

La vaguedad del concepto de Derecho se manifiesta en dos formas según Peces-Barba: intensional y extensional. En términos intensionales, no hay consenso sobre los rasgos que debe poseer un sistema normativo para ser considerado jurídico. Desde una perspectiva extensional, la incertidumbre recae en el alcance de aplicación del término[17].

El aspecto emotivo del Derecho se revela en las reacciones que provoca en los interlocutores, generando aceptación o rechazo. Al mismo tiempo, el uso de este concepto puede reflejar concepciones personales, suscitando adhesión o rechazo entre quienes participan en el discurso.

Por consiguiente, el Derecho se asocia a la rectitud y la justicia, siendo un conjunto normativo que busca limitar la libertad de las personas mediante sanciones en casos de conductas perjudiciales para los derechos de los demás. Aunque el carácter más positivista, permite que se respalde la

---

15 ANSUÁTIGUI ROIG, F. J. "El concepto de Derecho", en *Curso de teoría del Derecho,* por Gregorio PECES-BARBA, Eusebio FERNÁNDEZ y Rafael DE ASÍS, Marcial Pons, Madrid, 2000, p. 20.

16 SEGURA ORTEGA, M. "Problemas interpretativos e indeterminación del Derecho", *Dereito,* vol. 22, núm. 673-683, Bogotá, 2013, p. 2. En relación con la indeterminación del Derecho, véase a REDONDO, M. "Teorías del Derecho e indeterminación normativa", *Cuadernos de filosofía del Derecho,* núm.20, Alicante, 1997, pp. 177-196.

17 GUASTINI, R. *La Sintaxis del Derecho,* Marcial Pons, Madrid, 2016, p. 29. DELGADO MANTEIGA, S. "El punto de vista de la teoría del Derecho", *Revista de Derecho: Publicación de la Facultad de Derecho de la Universidad Católica de Uruguay,* núm. 19, Montevideo, 2019, pp. 143-155.

idea de Santo Tomás de Aquino, sosteniendo que el Derecho debe contribuir al bien común, siendo beneficioso siempre que se trate de leyes justas que respeten el principio de igualdad.

El Derecho exhibe características fundamentales: es un fenómeno humano que ha evolucionado a lo largo de la historia para adaptarse a las necesidades sociales, y posee una naturaleza normativa que establece las pautas a las cuales la sociedad debe ajustarse[18].

3. DERECHOS HUMANOS Y DERECHOS FUNDAMENTALES. UN ANÁLISIS ENTRE EL IUSNATURALISMO Y EL POSITIVISMO JURÍDICO

A lo largo de la historia, se ha producido un debate continuo acerca de la fundamentación de los Derechos Humanos, cuestión que se ha podido estudiar desde diferentes perspectivas. Es esencial, destacar primeramente, la diferencia entre Derechos Humanos y Derechos fundamentales, pues los Derechos Humanos no son Derechos fundamentales, mientras que los Derechos fundamentales sí son Derechos Humanos, así mismo, los Derechos fundamentales encuentran su raíz en los principios de los Derechos Humanos.

El debate sobre la fundamentación y construcción de los Derechos Humanos se extraen dos corrientes doctrinales, el iusnaturalismo y el positivismo jurídico. Según Rodríguez Gallón, la controversia entre estas dos corrientes tiene un trasfondo filosófico significativo, conflicto que ha persistido a lo largo del tiempo, cuyo origen puede trasladarse a la antigua Grecia, donde se gestó la Teoría del Derecho Natural[19]. Esta disputa, como señala dicho autor, ha influido en la evolución del pensamiento jurídico a lo largo de los siglos, además, manifiesta que los romanos no profundizaron demasiado en este debate, siendo abordada la cuestión por escasos autores como Cicerón.

Antes de entrar en exponer las dos corrientes se puede realizar una sintetización de las ideas que sostienen ambas posturas. El iusnaturalismo

---

18 ANSUÁTEGUI ROIG, F.J. "*Concepto de* Derecho", en *Curso de teoría del Derecho,* Óp. cit. p. 23.

19 Véase para conocer más sobre el Iusnaturalismo y el Positivismo en la Roma clásica a RODRÍGUEZ GALLÓN, V. "Positivismo e Iusnaturalismo en la jurisprudencia romana clásica", *Revista Facultad de Derecho y Ciencias Políticas,* núm. 57, Bogotá, 1982, pp. 211-218.

es, tal como se ha expuesto, una corriente filosófica y jurídica que sostiene que existen principios y Derechos fundamentales que son inherentes a la naturaleza humana, y que no dependen de las normas que son creadas por la sociedad.

En otras palabras, el iusnaturalismo argumenta que hay un conjunto de principios éticos y morales que trascienden las leyes humanas y que sirven como base para evaluar la legitimidad de dichas leyes. Los principios del iusnaturalismo se consideran universales y aplicables a todas las personas, con independencia de la cultura, la sociedad o el sistema legal, manteniendo una conexión intrínseca entre el Derecho y la moral.

Para el positivismo jurídico, el verdadero Derecho es el que se encuentra en el ordenamiento jurídico. El positivismo jurídico no busca fundamentar el Derecho en principios morales o éticos trascendentales, sino que se encarga del estudio de las leyes que son establecidas por el ordenamiento jurídico.

3.1. El iusnaturalismo

El iusnaturalismo es una teoría filosófica y jurídica que sostiene que existen ciertos derechos y principios morales fundamentales inherentes a la naturaleza humana, los cuales son universales e inmutables, no cambian por lo que se convierten en eternos. Esos principios y derechos de los que se bebe el iusnaturalismo no son creados por el hombre, pero tampoco dependen de las leyes escritas, aquellas que ha promulgado el ser humano. Por lo que esos principios y derechos son anteriores al Derecho positivo, son preexistentes y sólo se pueden descubrir a través de la razón. Hay por lo tanto, para el iusnaturalismo una ley natural o un conjunto de normas morales que sirven de base al ordenamiento jurídico, es decir, a partir de esta ley natural se crea el Derecho escrito.

De esta forma, cuando se producen conflictos entre el Derecho natural y el Derecho positivo, el primero prevalece sobre el segundo. Se trata de normas de conducta que son distintas a las que se crean por el Estado[20]. González Hinojosa advierte de, que se trata de una teoría que se desprende de la influencia del racionalismo cartesiano y de las revoluciones científicas de Galileo y Newton[21].

---

20 FASSÓ, G. "Iusnaturalismo", *Diccionario de Política*, Madrid: Siglo XXI editores, Madrid, 1991, pp. 836-837.

21 GONZÁLEZ HINOJOSA, R. "Hacia una fundamentación ontológica de los Derechos Humanos a través del Iusnaturalismo", *Ciencia ergo sum*, vol. 9, núm. 2,

Sin embargo, se puede considerar que, este debate filosófico tiene raíces mucho más antiguas que se remontan al enfrentamiento entre Sócrates y los Sofistas. Mientras que Sócrates abogaba por la naturaleza y un orden preestablecido por la *physis*, los sofistas sostenían que dicho orden provenía de las decisiones humanas.

Para el iusnaturalismo, existen principios ético-jurídicos universales derivados de una naturaleza divina o racional. Estos principios, accesibles mediante la razón, deben servir como criterio de justicia al legislar. A diferencia del positivismo, que adapta el Derecho a circunstancias específicas, el iusnaturalismo sostiene la dualidad de sistemas jurídicos: Derecho natural y Derecho positivo, jerarquizados pero distintos. Por consiguiente, el iusnaturalismo postula que el Derecho natural, al provenir de la naturaleza humana, es universal e inmutable, prevaleciendo sobre un Derecho positivo que cambia con las circunstancias históricas, añadiéndose además que cambia con los sistemas políticos de cada momento[22].

Con el paso del tiempo, el iusnaturalismo ha ido evolucionando y ha sido interpretado de diferentes maneras, dando lugar a diferentes escuelas de pensamiento dentro de esta corriente, aunque todas ellas comparten un mismo pensamiento, que existe una ley o conjunto de principios morales, que son objetivamente válidos, y sobre los que debe regir las leyes positivas.

La distinción entre ambas corrientes también se subyace en afirmar que, el iusnaturalismo es dualista mientras que el positivismo es monista; esto es así porque el iusnaturalismo considera que existen dos sistemas jurídicos: el Derecho natural y el Derecho positivo que, no se encuentran en el mismo rango, sino que están jerarquizados. Por el contrario, el positivismo es monista porque solo considera como único Derecho existente el que está escrito y creado atendiendo a ciertas circunstancias concretas de tiempo y lugar[23]. Sin embargo, la consideración de que el iusnaturalismo es dualista requiere un análisis cuidadoso, ya que depende de la perspectiva desde la cual se examine.

Hay que tener en cuenta, y así se ha dicho, que el iusnaturalismo ha evolucionado surgiendo diferentes escuelas. Así mismo, del iusnaturalismo han nacido dos corrientes el ontológico y el deontológico. El primero, se

---

México D. F. 2002, p. 5.

22 HERNÁNDEZ, J. F. "Iusnaturalismo de Thomas Hobbes", *Criterio jurídico*, vol. 10, núm. 1, Cali, 2010, pp. 35-58.

23 BOBBIO, N. *El problema del positivismo jurídico*, Fontamara, México D. F. 1965, pp. 67 y ss.

basa en una visión metafísica que entiende que el Derecho natural es parte de la estructura misma del ser y de la realidad. Sosteniendo esta corriente que los principios del Derecho natural derivan de la naturaleza del ser humano y del orden del universo, entendidos en un sentido amplio que incluye aspectos esenciales y existenciales. Desde esta perspectiva, los derechos y deberes naturales se fundamentan en la ontología que es el estudio del ser, por lo que son descubiertos a través de la razón humana, y que contempla y reflexiona sobre la naturaleza de las cosas. Esta corriente, al afirmar que existen principios de derecho inherentes a la naturaleza del ser y de la realidad, sostiene implícitamente una estructura dualista en la concepción del Derecho, manteniendo que el Derecho natural, como orden jurídico existe de manera independiente al Derecho positivo.

Por otro lado, el iusnaturalismo deontológico, surgido tras la II Guerra Mundial, pone el énfasis en el deber ser y en las obligaciones morales inherentes a la naturaleza humana. Esta corriente se centra en la moralidad de los actos humanos y en la existencia de deberes y derechos fundamentales que se deben respetar no por su correspondencia con una estructura ontológica del ser, sino porque son necesarios para una convivencia justa y equitativa entre personas. La fundamentación de estos derechos y deberes no se apoya tanto en una comprensión metafísica del ser, sino en principios éticos universales que dictan cómo deberían actuar los individuos y las sociedades. Por ello, si se sostiene que la única fuente normativa es el Derecho natural, concebido como un conjunto de principios éticos y morales, entonces cualquier norma positiva que no se ajuste a estos principios se consideraría inválida, se estaría más próximo a este al iusnaturalismo deontológico.

Este tipo de iusnaturalismo, a diferencia del iusnaturalismo ontológico, considera que el Derecho natural se posiciona como el "deber ser" del Derecho positivo, indicando que el orden jurídico positivo debe alinearse con los principios del Derecho natural, sin negarle su legitimidad jurídica, lo cual se posiciona hacia una postura mucho más monista que dualista, puesto que el Derecho positivo está condicionado, como se acaba de decir, al Derecho natural. En otras palabras, el Derecho natural debe orientar al Derecho positivo, exigiendo que este último sea coherente con aquel para tener validez.

Se debe añadir como otra característica más del iusnaturalismo deontológico que, se asocia con la idea de que existen normas morales objetivas, las cuales tienen una validez universal y son aplicables a todas las personas, independientemente de las circunstancias. Estas normas son entendidas como imperativos categóricos (en el sentido kantiano), que obligan a los individuos a actuar de cierta manera, basándose en el deber moral más que en las consecuencias de los actos. Esta variante del iusnaturalismo ha sido influenciada significativamente por la filosofía de Kant, quien argumentó que la moralidad se basa en la razón y en imperativos morales que son aplicables a todos los seres racionales.

Dorado Porras distingue claramente entre ambas corrientes. Para el iusnaturalismo ontológico, el Derecho natural es el verdadero ser del Derecho, estableciendo que el Derecho positivo solo puede ser considerado como tal si concuerda con los dictados del Derecho natural. En caso contrario, se argumenta que carecería de la esencia necesaria para ser reconocido como Derecho. Para este autor, el iusnaturalismo deontológico se centra en el aspecto ético y moral del Derecho positivo. Este enfoque no condiciona la validez de una norma a su alineación con el Derecho natural; más bien, sugiere que el deber ser del Derecho positivo radica en su capacidad para ser considerado justo. En este contexto, la validez de la norma no está estrictamente supeditada a su conformidad con el Derecho natural, sino que se vincula a su capacidad para reflejar los principios éticos que definen la justicia[24].

En conclusión, se distingue entre el iusnaturalismo y el positivismo, pero dentro del iusnaturalismo, se encuentra la corriente ontológica y deontológica. Para el iusnaturalismo ontológico el Derecho natural y el Derecho positivo están jerarquizados, estando este último subordinado al primero, lo que permite afirmar ese carácter dualista. Para el iusnaturalismo deontológico, efectivamente, existe el Derecho natural y el Derecho positivo, pero este último debe ajustarse a los principios éticos y morales del Derecho natural, lo cual, se podría hablar de un carácter más monista que dualista, puesto que el segundo estaría condicionado al primero, presentando esa íntima conexión con el positivismo jurídico. Considerando el positivismo jurídico que, el verdadero Derecho es el Derecho positivo, que nace del ordenamiento jurídico.

En el núcleo central del iusnaturalismo, se encuentra que las leyes ya vienen impuestas por la propia naturaleza humana existentes *per se*[25], con independencia de la voluntad del hombre y de su fuerza; es evidente que

---

24 DORADO PORRAS, J. "Iusnaturalismo y Positivismo jurídico", en *Cuadernos Bartolomé de las Casas* núm. 33, Madrid, Dykinson. 2004, p. 53. Véase también a RUIZ MIGUEL, A. *Una filosofía del Derecho en modelos históricos*, Trotta, Madrid, 2002, p. 38.

25 MARCONE, J. "Hobbes: entre el Iusnaturalismo y el Iuspositivismo", *Andamios*, vol. 1, núm. 2, México D. F. 2010, p. 7.

debe prevalecer sobre aquel Derecho que va cambiando según el momento[26].

La dificultad a la que se enfrenta el iusnaturalismo radica en definir qué determina ese orden trascendente que decide qué es justo e injusto. Algunos recurren a Dios, mientras que otros buscan respuestas en la naturaleza o la razón. Según lo indicado por Marcone, esto puede hacer al iusnaturalismo más peligroso que el positivismo, que en caso de que ambos constituyan el fundamento de un orden injusto, si el fundamento de ese pacto es positivista, los sujetos sabrán que han sido ellos los que lo han realizado y que de nadie más depende, y no habrá ningún impedimento en cambiarlo[27]. De lo contrario, si el fundamento de ese pacto es iusnaturalista, los individuos no podrán encontrar al responsable y tendrán un gran impedimento moral para realizar los cambios precisos, ya que es algo que viene preestablecido por algo superior[28], que no es el ser humano.

Por último, es importante destacar los argumentos contra la calificación del Derecho natural como Derecho que ha realizado Norberto Bobbio;

1. "El Derecho natural es un Derecho con el mismo título que el Derecho positivo porque carece del atributo de la eficacia.
2. El Derecho natural no llega a alcanzar el objetivo que corresponde a los sistemas jurídicos positivos porque no garantiza ni la paz ni la seguridad.
3. El Derecho positivo ha ido extendiéndose poco a poco por todos los campos que antes se atribuían al Derecho natural"[29].

No obstante, se destaca la opinión de Carrillo de la Rosa, que mantiene que no es posible admitir que existen dos órdenes normativos diferenciados, el Derecho natural y el Derecho positivo, sino que "el parámetro de validez del Derecho positivo lo constituye el marco que propone la constitución política en los sistemas jurídicos constitucionalizados"[30].

---

26 SAUCA CANO, J. M. "Concepto de Derecho", en *Curso de teoría del Derecho,* Óp. cit. p. 297.

27 ESCUDERO ALDAY, R. *Los calificativos del Positivismo jurídico: el debate sobre la incorporación de la moral,* Thompson Civitas, Madrid, 2004, pp. 55-56. PRIETO SANCHÍS, *Ley, principios, Derechos,* Dykinson, Madrid, 1998, p. 14.

28 MARCONE, J. *Hobbes: entre el Iusnaturalismo y el Iuspositivismo,* Óp. cit. p. 7.

29 BOBBIO, N. "Algunos argumentos contra el Derecho natural", en *Crítica del Derecho natural,* Óp. cit. pp. 236-237.

30 CARRILLO DE LA ROSA, Y. *La validez jurídica en el Iusnaturalismo y positivismo jurídico,* Óp. cit. p. 91.

En resumen, el iusnaturalismo tradicional postula un Derecho natural independiente y superior, mientras que el deontológico destaca la armonización del Derecho positivo con el Derecho natural. Argumentos críticos contra el Derecho natural incluyen su falta de eficacia y la expansión del Derecho positivo en campos anteriormente atribuidos al Derecho natural, según Norberto Bobbio. Carrillo de la Rosa, por su parte y tal como ya hemos señalado, sugiere que el marco constitucional propuesto por la constitución política constituye el parámetro de validez del Derecho positivo en sistemas jurídicos constitucionalizados[31].

3.2. El positivismo jurídico

La palabra "positivismo" no tiene una definición única y su significado varía según el autor que la utilice. Este término engloba diversas corrientes filosóficas y científicas, siendo parte de un proceso histórico con hitos significativos. Su antecedente se encuentra en la compilación de Justiniano y el pensamiento de Hobbes sobre el Derecho.

Los defensores del positivismo jurídico sostienen que el Derecho es un conjunto de normas impuestas por los seres humanos, en contraste con la corriente iusnaturalista, que postula que estas normas derivan de la naturaleza. Según esta perspectiva, el verdadero Derecho consiste en leyes creadas por el Estado, el único órgano con la facultad para hacerlo.

Siguiendo a Bobbio[32], el positivismo, por un lado, representa el esfuerzo por convertir al Derecho en una auténtica ciencia, el estudio del Derecho debe ser realizado concibiéndolo como un hecho y no como un valor; el juicio de valor excedería del ámbito de la ciencia jurídica. Para el positivismo jurídico son normas jurídicas aquellas que se producen en la forma establecida por el propio ordenamiento jurídico.

Por otro lado, el positivismo jurídico supone una determinada teoría del Derecho que partiría de seis concepciones fundamentales: la teoría coactiva del Derecho, la teoría legislativa del Derecho, la teoría imperativa del Derecho, la teoría de la coherencia del ordenamiento jurídico, la teoría de la plenitud del ordenamiento jurídico y la teoría de la interpretación lógica o mecanicista del Derecho. Las tres primeras para Bobbio constituyen los pilares de dicha teoría, mientras que las tres últimas tienen únicamente una importancia secundaria, por lo que es posible diferenciar entre

---

31 Ibídem.

32 BOBBIO, N. *El Positivismo jurídico,* Óp. cit. 1993, p. 43.

positivismo jurídico en sentido amplio y en sentido estricto, que serían las tres últimas.

El positivismo jurídico no ha conseguido adoptar una posición neutral frente al Derecho, ya que contiene una determinada pretensión sobre cómo debe ser éste. Esta ideología podrá describirse en el postulado de la existencia de un deber absoluto e incondicional de obedecer a la ley en cuanto tal, que es expresión de lo que Bobbio denomina positivismo ético. Distingue[33] así entre la versión fuerte y débil del positivismo ético. La versión fuerte se caracteriza por el postulado de la obediencia incondicional al Derecho, y la débil afirma que el Derecho ya de por sí posee un determinado valor, el del orden, independientemente del de justicia[34].

Hobbes, por su parte, presenta el positivismo como un conjunto de normas dictadas por el poder soberano, válidas simplemente por haber sido creadas por este poder, sin depender de valores éticos. El positivismo jurídico, según Hobbes, se compone de normas emanadas del Estado, sin perseguir fines inmanentes y siendo históricamente contingente[35]. En otras palabras, el Derecho no persigue ningún fin constante, sino que históricamente está determinado por el tiempo y el espacio de cada formación estatal, de cada momento político; por ello no es inmutable como pretende el iusnaturalismo, sino mutable, cambiante y contingente[36].

Kelsen, destacado autor del positivismo jurídico, considera el Derecho como un conjunto de normas pertenecientes a la categoría del deber ser. Introduce la "pirámide de Kelsen", donde la Constitución ocupa el vértice, y el resto de normas por debajo de ésta[37].Así, el Derecho se contiene en diferentes instrumentos, desde las leyes hasta las sentencias, pasando por los reglamentos y sus actos de aplicación. Según este autor, no existe el Estado como entidad distinta del Derecho, ya que el Estado no es más que la personalización del orden jurídico, pues se trata de un orden coactivo de la conducta humana, que es el orden jurídico. Kelsen defiende la desaparición del Derecho objetivo y subjetivo, pues el Derecho subjetivo es el mismo que el Derecho objetivo.

---

33 MARÍA SAUCA, J.M. *Curso de teoría del Derecho*, Óp. cit. p. 314.

34 BOBBIO, N. *El Positivismo jurídico*, Óp. cit. pp. 35-43.

35 *Ibídem*, pp. 35-43.

36 VEGA GARCÍA, P. "El tránsito del positivismo jurídico al positivismo jurisprudencial en la doctrina constitucional", *UNED. Teoría y Realidad Constitucional*, Madrid, 1998, pp. 65-87.

37 MARÍA SAUCA, J.M. *Curso de teoría del Derecho*, Óp. cit. p. 314.

En resumen, el positivismo jurídico concibe al Derecho como un conjunto de imperativos que forman un ordenamiento unitario, coherente y pleno, con un criterio de validez normativa. Rechaza la conexión necesaria entre Derecho y moral, considerando la interpretación jurídica como una tarea mecánica.

Estas teorías han influido en la distinción entre Derechos fundamentales y Derechos Humanos, pues, los Derechos fundamentales, según estas corrientes, adquieren su naturaleza por su positivización, mientras que los Derechos Humanos son anteriores al ordenamiento jurídico, existiendo dentro de los límites que establece dicho ordenamiento[38].

En esta investigación[39], se reconoce que, el Derecho verdadero y válido es aquel impuesto por el Estado, sujeto a cambios según la evolución social, determinando que las leyes son justas o injustas, dependiendo quién detenta el poder en un momento determinado[40]. Si se entendiera que las leyes vienen impuestas por la propia naturaleza, y que son inmutables entonces no podrían ser modificadas, ni se adaptarían a la realidad social del momento en el que son aplicadas. Partiendo de esta concepción, existiría un Derecho natural, superior al Derecho positivo, ya que sería aceptar que un ser superior ha creado el Derecho natural pero no se podría decir quién es ese ser superior encargado de ello.

Se procede a exponer un cuadro comparativo del iusnaturalismo y del positivismo jurídico, para conseguir entender más y mejor la diferencia de estas corrientes doctrinales.

---

38 BOBBIO, N. *El Positivismo jurídico,* Óp. cit. pp. 35-43. Véase a VEGA GARCÍA, P. "El tránsito del positivismo jurídico al positivismo jurisprudencial en la doctrina constitucional", *UNED. Teoría y Realidad Constitucional,* Madrid, 1998, pp. 65-87.

39 Véase también a GONZÁLEZ LOSANO, M. "Norberto Bobbio y el Positivismo jurídico", *Derechos y libertades: Revista del Instituto Bartolomé de las Casas,* núm. 17, Madrid, 2007, pp. 17-44.

40 BELLOSO MARTÍN, N. *Teorías normativistas y nuevas perspectivas para el positivismo. El Positivismo jurídico a examen: estudios en homenaje a José Delgado Pinto,* Universidad de Salamanca, Salamanca, 2006, p. 785

Características	Iusnaturalismo	Positivismo jurídico
Fuente	Se fundamenta en principios éticos y normas morales universales. Deriva entonces de normas naturales o divinas.	Se apoya en hechos y normas, las cuales son creadas por la autoridad competente.
Conexión	Existe una clara conexión entre el Derecho y la moral	El Derecho es autónomo
Inmutabilidad	Del Derecho es inmutable	El Derecho cambia, dependiendo del espacio-tiempo
Contradicción	Las normas no puede contradecir la justicia y moral	Las leyes no pueden contradecir lo dispuesto en otras normas superiores
Derechos Humanos	Los derechos tienen una base moral y natural	Los derechos se crean por el ordenamiento jurídico

Iusnaturalismo

- Iusnaturalismo ontológico: Se encuentra el Derecho natural y el Derecho positivo jerarquizados.
- Iusnaturalismo deontológico: Se encuentra el Derecho natural y el Derecho positivo, pero este último debe ajustarse a los principios éticos y morales del Derecho natural, lo cual, se podría hablar de un carácter monista, puesto que el segundo estaría condicionado al primero, presentando esa íntima conexión con el positivismo jurídico.

Positivismo ⇒ El verdadero Derecho es el que nace del ordenamiento jurídico

Capítulo II

Los derechos fundamentales

1. DERECHOS FUNDAMENTALES

Los Derechos fundamentales se caracterizan especialmente por su importancia material, ya que son los derechos más importantes del ciudadano, y que afectan especialmente a ciertos ámbitos vitales del individuo[41] constituyendo así su status jurídico[42]. Forman parte del núcleo principal de las Constituciones, concretamente de la Constitución Española, siendo los "componentes estructurales básicos tanto del conjunto del orden jurídico objetivo como de cada una de las ramas que lo integran en razón de que son la expresión jurídica de un sistema de valores, que, por decisión del constituyente ha de informar al conjunto de la organización jurídica y política"[43], tal como señala el Tribunal Constitucional.

Hermida del Llano sostiene que los Derechos fundamentales son "el corazón de las identidades constitucionales", totalmente cierto, pues no podemos hablar de un Estado constitucional sin la existencia de los Derechos fundamentales[44]. Estos ocupan un lugar muy estratégico dentro de las Constituciones, aunque aquí, se expondrá el lugar que ocupan dentro de la Constitución Española.

La Constitución Española se divide en 10 títulos. El Título Primero, denominado "Derechos y deberes Fundamentales", tiene un enunciado sencillo; sin embargo, su estructura es algo más compleja. Este Título se divide a su vez en cinco Capítulos, cuyo pórtico de entrada es el artículo 10.1[45] de

---

41 SOLOZÁBAL ECHEVARRÍA, J. J. *Los Derechos Fundamentales en la Constitución Española,* Óp. cit. p. 11.

42 HERMIDA DEL LLANO, C. *Los Derechos Fundamentales En La Unión Europea,* Anthropos, Barcelona, 2013.

43 STC 53/1985, de 11 de abril, Fundamento Jurídico 4.

44 HERMIDA DEL LLANO, C. "La Universalidad racional de los derechos", *Bajo palabra, revista de filosofía, II Época,* núm. 8, 2013, p. 40.

45 Artículo 10.1 de la Constitución Española: 1. La dignidad de la persona, los derechos inviolables que le son inherentes, el libre desarrollo de la personalidad, el respeto a la ley y a los derechos de los demás son fundamento del orden político y de la paz social.

la Constitución Española[46]. En dicho artículo se recoge la dignidad de la persona en la que se fundamenta el orden público y la paz social. El concepto constitucional de dignidad humana expresa el reconocimiento jurídico de la igualdad y libertad de todos los seres humanos por el hecho de serlo, plasmadas en aquellos valores superiores del ordenamiento jurídico tal cual los establece el art. 1.1 de la Constitución Española y que se materializan en los Derechos fundamentales del Título I[47]. El artículo 10.1 implica, según el Tribunal Constitucional, "valor espiritual y moral inherente a la persona"[48], la dignidad debe de permanecer inalterada cualquiera que sea la situación personal de cada individuo. Se trata de un núcleo esencial que los poderes públicos no pueden sobrepasar[49].

Si la Constitución Española[50] no estableciera que derechos son inherentes a la persona, y que derechos implican el reconocimiento constitucional de la dignidad humana, habría que extraerlo del artículo 10.1 de dicho texto constitucional. Si bien el Título I recoge un catálogo de derechos de la persona, ha de entenderse que en él se hallan referenciados tales derechos, "y no en abstracto sino en el concreto ámbito de cada uno de ellos"[51]. Por esto mismo, se produce una estrecha y recíproca relación entre los derechos de las personas y la dignidad humana. Es necesario destacar cómo el Tribunal Constitucional recoge que los Derechos fundamentales son derechos que se protegen a través del recurso de amparo, y para comprobar si ha habido una vulneración de los mismos se debe de tener en cuenta las exigencias que derivan de la dignidad de la persona de cada derecho en concreto[52].

No todo el Título I de la Constitución reconoce Derechos fundamentales[53], pues a lo largo del mismo encontramos tanto derechos y libertades

---

46 VV. AA. "El sistema de los Derechos y las libertades fundamentales en la Constitución Española", en *Manual de Derecho Constitucional*, Tecnos, vol. 2, Madrid, 2016, pp. 33-87.

47 STC 181/2000, de 29 de junio, Fundamento Jurídico 9.

48 STC 53/1985, de 11 de abril, Fundamento Jurídico 8.

49 GAVARA DE CARA, J.C. "Los Derechos Fundamentales", en *Desarrollo, rasgos de identidad y valorización en el XXV Aniversario (1978-2003)*, J. M. Bosch, *Instituto de ciencias políticas y sociales*, Madrid, 2004, pp. 32-36.

50 ALFONSO, L. "Reflexiones sobre la libertad, la seguridad y el Derecho", *Justicia Administrativa*, núm. 21, Madrid, 2003, pp. 5 y ss.

51 STC 120/1990, de 27 de junio, Fundamento Jurídico 4.

52 *Ibídem.*

53 PALOMEQUE FERNÁNDEZ, M. "De los Derechos y deberes fundamentales", en *Procedimiento administrativo y servicios de bienestar social* por Miguel TIENDA RUI,

como libertades públicas, diversas denominaciones, que se han trasladado a la doctrina y a los Convenios Internacionales, denominándose Derechos Humanos o Derechos del Hombre. Sin embargo, desde el punto de vista constitucional, el concepto de Derechos fundamentales resulta el más adecuado, pues sirve para manifestar que se trata de derechos especiales frente a los demás derechos que tienen una naturaleza ordinaria[54]. Ahora bien, no todos los derechos que el Título I recoge son Derechos fundamentales, pues solo lo son los recogidos en los artículos 15-29, Derechos fundamentales que contemplan una mayor garantía de protección frente al resto de derechos subjetivos del hombre[55].

Se debe destacar que, para Pérez Tremps, los derechos de los artículos 30-38 (Capítulo II del título I) de la Constitución Española son también Derechos fundamentales, la cuestión es que tiene un carácter nominalista siempre y cuando se tenga presente que el estatus jurídico de los derechos reconocidos en la Sección Primera está mucho más reforzado que el de los de la Sección Segunda, aunque obviamente gozan de todas las características derivadas de su ubicación constitucional[56].

En conclusión, los Derechos fundamentales son aquellos derechos inherentes a las personas que gozan de una protección especial, dado que podrán ser tutelados a través de un proceso preferente y sumario, y a través del recurso de amparo, y que la Constitución Española señala que se trata de los recogidos en los artículos 15-29 del citado texto fundamental, derechos que son inherentes al individuo y que gozan de un núcleo esencial al que el legislador no puede acceder. Además, tales Derechos fundamentales gozan de una protección totalmente distinta a la que gozarían el resto de derechos de los ciudadanos; nada más hay que acudir al artículo 53 de la Constitución Española donde se puede observar cómo los derechos recogidos en la Sección Primera del Capítulo Segundo del Título I, además del artículo 14 y la objeción de conciencia, pueden ser tutelados a través de un recurso de amparo y a través de un proceso ordinario preferente y sumario, algo que no ocurre con el resto de derechos que la Constitución enumera.

Ineprodes, Madrid, 2004, pp. 47 y ss.

54 LÓPEZ GUERRA, L. *Introducción al Derecho constitucional*, Óp. cit. p. 144.

55 Ibídem.

56 PÉREZ TREMPS, P. "La cláusula general de igualdad", en *El ordenamiento constitucional. Derechos y deberes de los ciudadanos*, Óp. cit. p. 142-144.

2. DIMENSIÓN ORGÁNICA Y DOGMÁTICA EN EL CONTEXTO DE LOS DERECHOS FUNDAMENTALES

Dentro de la mayoría de las Constituciones democráticas, como ocurre con la nuestra, se distingue un doble contenido: por un lado, la parte orgánica y por otro la parte dogmatica. Dentro de la parte orgánica se encuentra la estructura y funcionamiento del Estado y las relaciones con los ciudadanos, mientras que dentro de la parte dogmática se encuentran los Derechos de las personas.

Así, el Título Preliminar y el Título Primero de la Constitución Española[57] se ubican dentro de esa parte dogmática, y a partir del Título Segundo hasta el Título Diez se encuentra en la parte orgánica. De esta forma los Derechos fundamentales[58], que se encuentran dentro de la parte dogmática, existen en un Estado Social y Democrático de Derecho[59], a partir del reconocimiento y eficacia de los derechos de las personas; así, podemos afirmar que Democracia y Derechos fundamentales son dos conceptos íntimamente unidos[60].

Dentro del Título Primero[61] se presenta[62] la declaración de derechos del ordenamiento jurídico español, reconociendo una parte de esos derechos como Fundamentales. Y así se señala que los Derechos fundamentales tienen una doble naturaleza: por un lado, tienen una finalidad que se ha denominado axiológica, ya que, como dice el Tribunal Constitucional "son elementos esenciales de un ordenamiento objetivo de la comunidad nacional, en cuanto ésta se configura como marco de una convivencia humana justa y pacífica plasmada históricamente en el Estado de Derecho y más tarde en el Estado social de Derecho o el Estado Social y Democrático

---

57 Constitución Española, BOE núm. 311, de 29/12/1978. En adelante Constitución Española.

58 CRUZ VILLALÓN, P. "Formación y evolución de los Derechos Fundamentales", *Revista Española de Derecho Constitucional*, núm. 25, Madrid, 1989, pp. 35-62.

59 DÍAZ GARCÍA, E. "Teoría General del Estado de derecho", *Revista de Estudios políticos*, núm. 131, Madrid, 1963, p. 21-48.

60 LÓPEZ GUERRA, L. *Introducción al Derecho constitucional*, Tirant lo Blanch, Valencia, 1994, p. 141-143.

61 VV. AA. *Teoría general de los Derechos Fundamentales en la Constitución española de 1978.* Óp. cit. p. 30. Véase también a MARTÍNEZ MORÁN, N. "Teoría del Derecho", Óp. cit. pp. 199-296. LORCA NAVARRETE, J. F. "Los Derechos naturales como Derechos Fundamentales ", *La Ley*, Madrid, 1989, pp. 909-914.

62 LORCA NAVARRETE, J. F. "Los Derechos naturales como Derechos Fundamentales ", *La Ley*, Madrid, 1989, pp. 909-914.

de Derecho según la fórmula de nuestra Constitución"[63]. Por otro lado, la segunda naturaleza que presentan los Derechos fundamentales es una naturaleza subjetiva, de tal forma que siguiendo la misma sentencia del Tribunal Constitucional, dice que "son derechos subjetivos los derechos de los individuos no solo en cuanto derechos de los ciudadanos en sentido estricto sino en cuanto garantizan un status jurídico o la libertad en un ámbito de existencia"[64].

La primera clasificación que la Constitución Española ofrece es la relativa a la garantía de los derechos subjetivos. Existen tres niveles de garantía:

a. Primer nivel, aquellos que gozan de una protección exclusiva, y son los Derechos fundamentales, junto con el artículo 14[65], tiene un sistema de protección compleja y reforzada de garantías, previsto en el artículo 53.2[66] de la Constitución Española.

b. Segundo nivel, que son aquellos que poseen un sistema de protección que puede denominarse ordinario, y son los derechos y deberes de los ciudadanos, recogidos en el Capítulo I Sección Segunda del Capítulo II.

c. El tercer nivel son los principios rectores de la política económica y social, recogidos en el Capítulo III. Al tratarse de principios su sistema de protección es distinto al de los derechos, tal como señala Pérez Tremps, en cuanto principios, que poseen la protección general de toda la Constitución, en la medida en que se concretan posteriormente en derechos subjetivos por normas infra constitucionales que cuentan con la protección que el ordenamiento otorgue en cada caso[67].

---

63 STC 25/1981, de 14 de julio, Fundamento Jurídico 5.

64 *Ibídem.*

65 Artículo 14 de la Constitución Española: Los españoles son iguales ante la ley, sin que pueda prevalecer discriminación alguna por razón de nacimiento, raza, sexo, religión, opinión o cualquier otra condición o circunstancia personal o social.

66 Artículo 53.2 de la Constitución Española: Cualquier ciudadano podrá recabar la tutela de las libertades y derechos reconocidos en el artículo 14 y la Sección primera del Capítulo segundo ante los Tribunales ordinarios por un procedimiento basado en los principios de preferencia y sumariedad y, en su caso, a través del recurso de amparo ante el Tribunal Constitucional. Este último recurso será aplicable a la objeción de conciencia reconocida en el artículo 30.

67 VV. AA. "Los Derechos Fundamentales", en *Derecho constitucional. El ordenamiento constitucional. Derechos y deberes de los ciudadanos*, Tirant lo Blanch, Valencia, 2007, p. 149.

En conclusión, la parte dogmática, que incluye los derechos fundamentales, es crucial para el marco de un Estado social y democrático de Derecho, tal como lo define la propia Constitución. Esta distinción subraya la importancia de los derechos fundamentales no solo como principios jurídicos esenciales sino también como elementos vitales para la convivencia política y social justa de los ciudadanos.

Los derechos fundamentales son, por tanto, reconocidos y protegidos por la Constitución no solo porque forman la base moral y ética de la sociedad, sino también porque establecen los límites y las obligaciones del Estado respecto a sus ciudadanos. Esta protección constitucional asegura que los derechos fundamentales sean respetados y promovidos, garantizando así la dignidad, la libertad y la igualdad de todos los individuos dentro del ordenamiento jurídico español.

La parte orgánica de la Constitución, por su lado, se centra en la organización del Estado, estableciendo la estructura y funcionamiento de sus principales instituciones. La existencia de estas dos partes refleja la dualidad estructural mencionada, asegurando que el marco legal español no solo organice el poder estatal de manera efectiva sino que también proteja y promueva los valores y derechos esenciales en una sociedad democrática.

Este enfoque dualista es fundamental para entender cómo la Constitución Española equilibra la gobernanza y la protección de los derechos y libertades fundamentales, subrayando su papel como documento vivo que guía la convivencia y el desarrollo de la sociedad española.

3. LA EFICACIA DE LOS DERECHOS FUNDAMENTALES

La eficacia de los Derechos fundamentales, siguiendo a Pérez Tremps[68], se puede medir en función de cuál sea el poder público al que obliguen, así como a la posición del particular y la naturaleza de la relación jurídico-privada en la que se esgrimen. De esta forma, la Constitución dentro del Título I ha sido dotada de especiales mecanismos para lograr la eficacia. Sin embargo, aún cuando el valor normativo del Título I sea incuestionable, el artículo 53 de la Constitución Española obliga a realizar algunas precisiones:

---

[68] PÉREZ TREMPS, P. "Los Derechos Fundamentales", en *Derecho constitucional. El ordenamiento constitucional. Derechos y deberes de los ciudadanos,* Óp. cit. p. 150.

a. Los derechos y libertades reconocidas en el Capítulo segundo del presente título vinculan a todos los poderes públicos. Solo por ley, que en todo caso deberán de respetar su contenido esencial, podrá regularse el ejercicio de tales Derechos y libertades, que se tutelarán de acuerdo con lo previsto en el 161.1)

b. Cualquier ciudadano podrá recabar la tutela de las libertades y Derechos reconocidos en el artículo 14 y la sección primera del Capítulo segundo ante los tribunales ordinarios por un procedimiento basado en los principios de preferencia y sumariedad y, en su caso, a través del recurso de amparo ante el Tribunal Constitucional, junto con la objeción de conciencia.

c. El reconocimiento, el respeto y la protección de los principios reconocidos en el Capítulo tercero informarán la legislación positiva, la práctica judicial y la actuación de los poderes públicos. Solo podrán ser alegados ante la jurisdicción ordinaria de acuerdo con lo que dispongan las leyes que lo desarrollan.

De este precepto se extrae que existe una distinción entre los Derechos fundamentales de la Sección Primera y Segunda del Capítulo Segundo de la Constitución, y de entre todos ellos y los principios rectores de la política económica y social reconocida en el Capítulo Tercero de la misma.

Todos los derechos y libertades Fundamentales del Capítulo Segundo son directamente aplicables y los tribunales pueden fundamentar sus sentencias en ellos sin necesidad de ley alguna que los desarrolle. Se configuran como auténticos derechos públicos subjetivos directamente ejercitables por sus titulares. Sin embargo, solo los Derechos fundamentales, es decir, los de la Sección Primera Capítulo Segundo del Título I y el artículo 14, tienen una protección reforzada que significa que, para hacerlos valer ante los tribunales, es necesario un proceso basado en los principios de preferencia y sumariedad, siendo solamente recurribles éstos junto con la objeción de conciencia en recurso de amparo[69].

Los problemas que se presentan son los relacionados con los principios rectores de la política social y económica, pues aunque literalmente el precepto recoge que sólo podrán ser alegados ante la jurisdicción ordinaria de acuerdo con lo que dispongan las leyes que lo desarrollen, ello no quiere

---

69 Véase en materia de recurso de amparo a QUADRA-SALCEDO, T. *El recurso de amparo y los Derechos Fundamentales de las personas en las relaciones entre particulares*, Civitas, Madrid, 1981, p. 51.

decir que el legislador ordinario sea enteramente libre para poder configurarlo a su arbitrio.

Siguiendo a García de Enterría[70], los principios son algo más que normas programáticas en el sentido tradicional que les negaba toda aplicabilidad judicial. Los jueces y tribunales deberán tenerlos en cuenta al dictar sus resoluciones y el Tribunal Constitucional podrá apoyarse en ellos para declarar la inconstitucionalidad de una ley que los desconociera. En este sentido, la eficacia de los Derechos fundamentales, tal como hemos señalado antes, dependerá del tipo de relación y de los sujetos a los que se dirija. Por ello podemos afirmar que tenemos dos tipos de eficacia, la eficacia directa e inmediata, y una eficacia directa y mediata.

Será eficacia indirecta cuando el sujeto sobre el que se pretende que los derechos produzcan efectos sea un particular. Esto es así porque procede del hecho de que deben ser los poderes públicos los que a través de su acción concreten los extremos de la eficacia de los Derechos fundamentales en las relaciones entre particulares. Los mecanismos a través de los cuales los poderes públicos deben hacer efectivos los Derechos fundamentales son la acción del legislador y la de los jueces y tribunales, ya que el Estado tiene la obligación de garantizar la efectividad de estos derechos, como señala Anzures Gurría[71], y la forma en la que el Estado garantiza esta efectividad es a través de sus órganos, como recoge De la Quadra-Salcedo[72].

El legislador debe concretar el alcance de los Derechos fundamentales a la hora de regular las relaciones entre particulares, y sucede así con la acción de los jueces y tribunales, dado que deberán de resolver las controversias entre particulares; no solo deben de evitar que su acción vulnere Derechos fundamentales, sino que tienen que asegurar que queden respetados en la relación entre ciudadanos, derechos que son efectivos en la medida en que los demás miembros de la sociedad gozan de estos derechos de igual forma[73].

Sin embargo, esta eficacia indirecta es muy similar a la directa, ya que especialmente a través de la acción de los órganos judiciales, las vulnera-

---

70 GARCÍA DE ENTERRÍA, E. *Reflexiones sobre la ley y los principios generales del Derecho en el Derecho administrativo,* Civitas, Madrid, 1984, p. 200.

71 ANZURES GURRÍA, J. *La eficacia horizontal de los Derechos Fundamentales,* Óp. cit. p. 10.

72 QUADRA-SALCEDO, T. *El recurso de amparo y los Derechos Fundamentales de las personas en las relaciones entre particulares,* Óp. cit. p. 51.

73 ANZURES GURRÍA, J. "La eficacia horizontal de los Derechos Fundamentales", *Revista Mexicana de Derecho Constitucional,* núm. 22, México D. F. 2010, p. 10.

ciones de derechos que existan en este tipo de relaciones deben de ser reparadas, adquiriendo plena eficacia dichos derechos[74]. A pesar de todo ello existen, como recoge Anzures Gurría, sectores doctrinales que se niegan a aceptar esta eficacia indirecta, llamada también eficacia horizontal; es el caso del profesor Águila–Real, que niega aceptar que los derechos tengan una eficacia dirigida a los particulares, ya que los únicos destinatarios de los derechos y de sus garantías son los poderes públicos[75]. En definitiva, siguiendo a Anzures Gurría y Naranjo de la Cruz[76], la sujeción o no de los particulares a los Derechos fundamentales ha de encontrarse en el sentido de los artículos que la Constitución recoge, ya que será la delimitación del ámbito protegido por cada Derecho fundamental el que determinará si despliega efectos entre los particulares y hasta donde alcanzará su eficacia[77].

Por otro lado, la eficacia frente a los poderes públicos es inmediata. Como señala el artículo 53.1 de la Constitución, los derechos recogidos en el Título I Capítulo Segundo de la Constitución Española vinculan a los poderes públicos. Su aplicación es directa, no existiendo más excepciones que las que la propia Constitución recoja expresamente, o bien las que se extraigan de la propia naturaleza de la norma. Los Derechos fundamentales son verdaderos derechos subjetivos que permiten a su titular su exigencia ante los tribunales frente a los poderes públicos cuando dicho derecho sea conculcado. Es decir, los Derechos fundamentales desarrollan constitucionalmente frente al poder público una eficacia vinculante que tiene un carácter inmediato y directo.

De tal modo esto es así, que para el ejercicio de un derecho es necesario un desarrollo; por ejemplo, el estatuto del derecho a la objeción de conciencia no se concretó hasta que el legislador decidió regularlo mediante ley, pero no pudo significar que los objetores de conciencia quedaran en desamparo, esto es, que no pudieran ejercitar el derecho constitucionalmente reconocido en el artículo 30.2[78]. Por tanto, el principio de la efica-

---

74 PÉREZ TREMPS, P. "Los Derechos Fundamentales", en *Derecho constitucional. El ordenamiento constitucional. Derechos y deberes de los ciudadanos,* Óp. cit. pp. 150-151.

75 ANZURES GURRÍA, J. *La eficacia horizontal de los Derechos Fundamentales,* Óp. cit. pp. 5 y ss.

76 ÁGUILA-REAL, A. "Autonomía privada y Derechos Fundamentales", *ADC,* vol. 46, núm. 1, Madrid, 1993, p. 60.

77 ANZURES GURRÍA, J. *La eficacia horizontal de los Derechos Fundamentales,* Óp. cit. p. 25.

78 Artículo 30.2 de la Constitución Española: La ley fijará las obligaciones militares de los españoles y regulará, con las debidas garantías, la objeción de conciencia,

cia inmediata de tal derecho se tradujo en que ningún ciudadano que se declarara objetor podía ser obligado a ingresar en filas y cumplir el servicio militar, sino que su incorporación quedara aplazada *sine die* hasta que el legislador estableciera el desarrollo necesario para la plena operatividad y eficacia del Derecho[79].

En síntesis, partiendo de la eficacia de los Derechos fundamentales, se señala que vincula tanto a los poderes públicos como a los particulares, pero no de la misma manera. Como se ha visto, la eficacia hacia los poderes públicos es directa, mientras que es indirecta frente a los particulares. Y procede esto último cuando son los particulares los que deben concretar los extremos para que tales derechos sean eficaces, es decir, los poderes públicos vuelven aquí a intervenir de tal forma que vincularán los Derechos fundamentales a los particulares en función del alcance y contenido que hayan dado los poderes públicos; sin embargo, esta eficacia es muy similar a la de los poderes públicos[80]. Es por esto por lo que podemos afirmar, desde nuestra óptica, que en ambas eficacias los poderes públicos están presentes, ya que a través de la acción de los órganos del Estado se deberán resolver las controversias que existan derivadas de la vulneración de los Derechos entre las relaciones entre particulares.

Ahora bien, apoyando a Pérez Tremps, se puede señalar que ha de tenerse en cuenta que existen peculiaridades en la eficacia de los derechos que no se dan en las relaciones entre los particulares y los poderes públicos, por lo que no se puede pretender una "aplicación mimética de los esquemas de unas relaciones a las otras"[81].

4. LÍMITES A LOS DERECHOS FUNDAMENTALES

Los Derechos fundamentales, al igual que cualquier otro derecho, no son derechos absolutos sobre los que no cabe la imposición de cualquier límite. Se distingue entonces lo siguiente:

---

así como las demás causas de exención del servicio militar obligatorio, pudiendo imponer, en su caso, una prestación social sustitutoria.

79 STC 15/1982, de 23 de abril, Fundamento Jurídico 2; STC 245/1993, de 27 de octubre, Fundamento Jurídico 2.

80 LÓPEZ GUERRA, L. *Derecho constitucional. El ordenamiento constitucional. Derechos y deberes de los ciudadanos*, Óp. cit. pp. 150-151.

81 PÉREZ TREMPS, P. "Los Derechos Fundamentales", en *Derecho constitucional. El ordenamiento constitucional. Derechos y deberes de los ciudadanos*, Óp. cit. p. 154.

- Límites internos, aquellos que son intrínsecos al propio Derecho fundamental. No se recogen de manera expresa, sino que se extraen de la propia definición del Derecho, y así lo ha expresado el Tribunal Constitucional al indicar que se trata de límites que la propia Constitución establece a la hora de definir el propio derecho o aquellos que resulten justificados por la necesidad de preservar otros derechos constitucionalmente protegidos[82]. Más que de límites de los derechos se trata de la definición del marco dentro del cual las facultades del sujeto han de moverse, en atención a la función del mismo. Por ejemplo, no puede invocarse el derecho a la libertad de circulación de personas para justificar un accidente de tráfico originado bajo los efectos del alcohol. Aunque con este ejemplo lo veamos muy obvio, no siempre es así, por lo que le corresponde al legislador trazar esos límites y a los tribunales controlar que ese trazado sea correcto, a través de elementos interpretativos. Son también límites intrínsecos los que derivan de la necesidad de ejercitar los Derechos fundamentales, conforme a la buena fe y sin abuso, como ocurre con todos los derechos. Hay que señalar que Guevara De Cara recoge la tesis de la inmanencia del Tribunal Constitucional, esto es, la teoría de un contenido esencial absoluto, pero que se relativiza a través de los límites propios del Derecho fundamental en juego. El Tribunal Constitucional plantea esta teoría para solucionar los problemas de los Derechos fundamentales que carecen de reserva de ley[83].
- Los límites externos, son aquellos que impone el ordenamiento jurídico. Y pueden ser a su vez de dos tipos: explícitos o implícitos.
    a. Los límites explícitos. La Constitución reconoce en muchos preceptos del Título I límites expresos al ejercicio de Derechos fundamentales. Este tipo de límites que realiza el legislador, siguiendo a Cianciardo, está justificada por la amplitud característica de las normas iusfundamentales, que requieren que se hagan de forma concreta, así como por la llamada, tal como señala este autor, naturaleza bifronte de las normas iusfundamentales, es decir "si se acepta que dichas normas se imponen al legislador no solo una obligación de abstención, es decir, un no

82 STC 22/1984, de 17 de febrero, Fundamento Jurídico 3.

83 GAVARA DE CARA, J. C. "Derechos Fundamentales y desarrollo legislativo. La garantía del contenido esencial de los Derechos Fundamentales en la ley de Bonn", *Estudios Constitucionales*, Madrid, 1994, p. 160.

hacer, sino también una obligación de promoción, esto es, de hacer, debe aceptarse que tenga las facultades adecuadas para el logro de esa finalidad"[84]. En esta misma línea, el Tribunal Constitucional ha reconocido que la Constitución reserva a las Cortes Generales el desarrollo de los Derechos fundamentales y de las Libertades Públicas[85], siendo el fundamento del orden político-jurídico del Estado, y estableciendo por tanto los límites de carácter expreso[86].

A su vez, estos límites pueden establecerse, bien con carácter general para todos los Derechos fundamentales, bien respecto a algún derecho concreto[87]. En el caso de los límites generales, figura en nuestra Constitución un límite, como es el derivado del artículo 10.1 de la Constitución: el ejercicio de los derechos de los demás. Esto es así porque, tal como dice el Tribunal Constitucional[88], los Derechos fundamentales presentan un doble carácter; por un lado, son derechos subjetivos que garantizan un status jurídico, y son además elementos esenciales de un ordenamiento objetivo de la comunidad nacional. Se trata de un límite genérico de contornos imprecisos, ya que presupone la colisión del ejercicio de derechos por distintas personas. La solución a este tipo de conflictos debe determinarse caso por caso atendiendo a la naturaleza de los derechos en ejercicio y al uso de los mismos realizado por sus titulares.

Respecto a los límites concretos, son algo más abundantes. Así, por ejemplo, el orden público establece como límite a la manifestación de las libertades ideológica, religiosa y de culto, (artículo 16.1 de la Constitución)[89]; la existencia de un deli-

---

84 CIANCIARDO ZAMBRANO, J. "Los límites de los Derechos Fundamentales", *Dikiaion: revista de actualidad jurídica*, núm.10, Chía, 2001, p. 56. Véase también CINCIARDO, J. "El conflictivismo en los Derechos Fundamentales", *Revista chilena de Derecho*, vol.30, Santiago de Chile, 2003, pp. 201-208.

85 Se usará el término Derechos Fundamentales y Libertades Públicas con mayúscula dado que se trata de un capítulo de la Constitución Española con una gran importancia dentro del tema.

86 STC 25/1981, de 14 de julio, Fundamento Jurídico 5.

87 PÉREZ TREMPS, P. "Los Derechos Fundamentales", en *Derecho constitucional. El ordenamiento constitucional. Derechos y deberes de los ciudadanos*, Óp. cit. p. 157.

88 STC 25/1981, de 14 de julio, Fundamento Jurídico 5.

89 Artículo 16.1 de la Constitución Española: Se garantiza la libertad ideológica, religiosa y de culto de los individuos y las comunidades sin más limitación, en sus

to flagrante actúa como límite a la inviolabilidad del domicilio (artículo 18.2 de la Constitución)[90]; los Derechos del artículo 20.1 (libertad de expresión de producción y creación, de cátedra, de información)[91] tiene como límites expresos los demás Derechos del Título I y, especialmente, los derechos al honor, a la intimidad y a la propia imagen, la protección de la juventud y de la infancia (artículo 20.4 de la Constitución)[92]; la función social es un límite al Derecho de propiedad (artículo 33.2 de la Constitución)[93]. Estos son algunos de los ejemplos a los límites expresos específicos establecidos en la Constitución; su alcance hay que determinarlo en el estudio del respectivo derecho.

b. Los límites implícitos. Junto a los límites expresos, tenemos aquellos que vienen impuestos por la propia lógica del ejercicio del derecho y del ordenamiento jurídico. Ahora bien, no cualquier bien o principio jurídicamente protegible puede actuar como límite de los Derechos fundamentales. Si así fuera, resultaría sencillo para los poderes públicos vaciar de contenido los Derechos fundamentales mediante la innovación de esos supuestos principios o bienes. El Tribunal Constitucional, en esta línea, ha indicado que los límites implícitos a los Derechos fundamentales han de basarse siempre en bienes constitucionalmente protegidos; así, los Derechos fundamentales "sólo pueden ceder ante los límites que la propia constitución

---

manifestaciones, que la necesaria para el mantenimiento del orden público protegido por la ley.

90 Artículo 18.2 de la Constitución Española: El domicilio es inviolable. Ninguna entrada o registro podrá hacerse en él sin consentimiento del titular o resolución judicial, salvo en caso de flagrante delito.

91 Artículo 20.1 de la Constitución Española: Se reconocen y protegen los derechos: a) A expresar y difundir libremente los pensamientos, ideas y opiniones mediante la palabra, el escrito o cualquier otro medio de reproducción. b) A la producción y creación literaria, artística, científica y técnica. c) A la libertad de cátedra. d) A comunicar o recibir libremente información veraz por cualquier medio de difusión. La ley regulará el derecho a la cláusula de conciencia y al secreto profesional en el ejercicio de estas libertades.

92 Artículo 20.4 de la Constitución Española: 4. Estas libertades tienen su límite en el respeto a los derechos reconocidos en este Título, en los preceptos de las leyes que lo desarrollen y, especialmente, en el derecho al honor, a la intimidad, a la propia imagen y a la protección de la juventud y de la infancia.

93 Artículo 33.2 de la Constitución Española: La función social de estos derechos delimitará su contenido, de acuerdo con las leyes.

> expresamente imponga al definir cada derecho o ante los que de manera mediata o indirecta de la misma se infieran al resultar justificados por la necesidad de preservar otros derechos constitucionalmente protegidos"[94]. De esta forma "existen fines sociales que deben considerarse de rango superior a algunos derechos individuales, pero ha de tratarse de fines sociales que constituyan en sí mismos valores constitucionalmente reconocidos y la prioridad ha de resultar de la propia Constitución[95]".

De acuerdo con esta doctrina, no cabe invocar vagos o imprecisos principios, como el bien común, para justificar la limitación de Derechos fundamentales; ésta sólo puede basarse en la existencia de otro bien constitucionalmente protegido. Ahora bien, no siempre resulta sencillo determinar si un bien está o no constitucionalmente reconocido dada la generalidad que caracteriza muchos preceptos constitucionales. Esta tarea corresponde llevarla a cabo a los distintos operadores jurídicos de acuerdo con las pautas generales de interpretación constitucional. Así pues, a nuestro parecer, no debería de olvidarse que tanto en la determinación de cuáles son los posibles fundamentos de los límites a los Derechos fundamentales, como en la ponderación entre los límites constitucionalmente posibles y los propios derechos, ha de tenerse presente la fuerza expansiva de los Derechos fundamentales, interpretando restrictivamente sus límites, que deben resultar siempre proporcionales de cara a obtener el fin que se persiguen.

---

94 STC 120/1990, de 27 de junio, Fundamento Jurídico 8.

95 Véase también en sobre este tema a, FERNANDO MUÑOZ, J. y VENEGAS VELÁZQUEZ, A. *Límites a los Derechos Fundamentales*, Dykinson, Madrid, 2008, pp. 47-56.

Capítulo III

La garantía de los derechos constitucionales

1. INTRODUCCIÓN

El bloque de garantías son las distintas técnicas usadas por el ordenamiento jurídico, que en palabras de Ferrajoli, "sirven para reducir la distancia estructural entre normatividad y efectividad, y por tanto, para posibilitar la máxima eficacia de los Derechos fundamentales en coherencia con su estipulación constitucional". Nuestra Constitución lo declara expresamente en el artículo 53.1: "Los derechos y libertades reconocidos en el Capítulo segundo del presente Título vinculan a todos los poderes públicos. Sólo por ley, que en todo caso deberá respetar su contenido esencial, podrá regularse el ejercicio de tales Derechos y libertades, que se tutelarán de acuerdo con lo previsto en el artículo 161, 1, a)".

Se trata así de técnicas usadas para garantizar la eficacia de los derechos no solo Fundamentales, sino también, de los derechos en general, ya que como se desprende del citado precepto, son los derechos del Capítulo 2º del Título 1º, no quedando reducido así a los de la Sección Primera Capítulo 2º del Título 1º. Los mecanismos de garantía que de tal precepto extraemos son: la aplicación directa de los derechos, la reserva de ley y el contenido esencial de los derechos. Sin embargo, a estos mecanismos hay que añadir otros no contenidos en el citado artículo, como son: el Defensor del Pueblo -artículo 54 Constitución Española- la suspensión de los Derechos fundamentales -artículo 116 Constitución Española- y las garantías jurisdiccionales. Nosotros nos centraremos en las garantías derivadas del artículo 53.1 de la Norma Suprema.

En definitiva, a través de estos mecanismos, se les permite a los ciudadanos poder ejercitar sus derechos. Tal importancia tiene esto que, a lo largo de la historia, se han dado Constituciones que reconocen derechos a sus ciudadanos, pero que eran de imposible ejercicio debido a la falta de mecanismos de garantías. Para Ferrajoli, posición a la que somos totalmente favorables, la falta de garantías afecta a la protección de los Derechos y a su operatividad, y genera una laguna que, para dicho autor, "pueden ser lagunas primarias y secundarias". Son lagunas primarias aquellas que existen cuando falta la estipulación de las obligaciones que forman las garantías primarias, y las lagunas secundarias se suscitan cuando no existen los órganos encargados de sancionar sus violaciones. En nuestra Constitución Española se recoge un elenco de mecanismos de garantías que vamos a examinar a continuación[96].

2. LA APLICACIÓN DIRECTA DE LOS DERECHOS CONSTITUCIONALES

Se trata de un mecanismo de garantía en el que se recoge que los derechos del Capítulo 2° del Título I de la Constitución son de aplicación directa con independencia de que haya o no una norma de rango jerárquicamente inferior a la Constitución que lo desarrolle. De hecho, se afirma así en la Constitución en el artículo 53.1, donde se recoge que los Derechos del Capítulo 2° del Título I vinculan a los poderes públicos, algo que además queda reforzado con el artículo 9.1 del citado texto legal, cuando se señala que los ciudadanos y los poderes públicos quedan sujetos a la Constitución y al resto del ordenamiento jurídico. Cabe señalar que estos dos preceptos fueron inspirados en la Ley Fundamental de 1949, la Ley de Bonn, que recoge en el artículo 1.3 que los Derechos fundamentales vinculan a la legislación, al poder ejecutivo y a la justicia como Derecho inmediatamente aplicable[97].

Esta aplicación directa ha sido consagrada por el Tribunal Constitucional al afirmar que los Derechos y Libertades Fundamentales vinculan a los poderes públicos, tal como afirma la Constitución, y que además tienen un origen inmediato en los derechos y obligaciones, y no son "meros principios pragmáticos"[98]. Esto también se reafirma en el artículo 7.1 de la Ley Orgánica del Poder Judicial cuando se recoge que "los Derechos fundamentales y las Libertades Públicas vinculan, en su integridad a todos los jueces y tribunales y están garantizados bajo la efectiva tutela de los mismos", y en el apartado segundo del mismo precepto legal se recoge que "en especial, los derechos enunciados en el artículo 53.2 de la Constitución Española se reconocerán, en todo caso, de conformidad con su contenido

---

96 FERRAJOLI, L. *Derechos y garantías. La ley del más débil,* Trotta, Madrid, 2004, p. 180. Véase en este mismo sentido a ÁLVAREZ, L. "Los Derechos y sus garantías", *Revista Telemática de Filosofía del Derecho,* núm. 13, Madrid, 2010, p. 312.

97 GARCÍA MORILLO, J. "Los Derechos Fundamentales", en *Derecho constitucional. El ordenamiento constitucional. Derechos y deberes de los ciudadanos,* Óp. cit. p. 468.

98 STC 21/1981, de 15 de junio, Fundamento Jurídico 17.

constitucionalmente declarado, sin que las resoluciones judiciales puedan en ningún caso restringir, menoscabar o inaplicar dicho contenido"[99].

Siguiendo a García Morillo, un efecto favorable de aplicación directa de los Derechos Constitucionales es la imposibilidad de que se aplique la "legislación negativa", esto es, cuando un supuesto tiene que ser desarrollado por una norma de rango jerárquicamente inferior al texto constitucional, exista el riesgo de que no se elabore. Así pues, una aplicación directa de los derechos impide que se tenga que esperar a que la norma desarrolle el mismo, pudiendo por tanto incurrir en "legislación negativa", es decir, que el derecho no se llegue a desarrollar nunca[100].

En definitiva, los derechos de las personas, no limitándose a los Derechos fundamentales, a nuestro entender, deberán de ser aplicados de forma directa, ya que la Constitución en el citado artículo 53.1 recoge que deben de vincular a todos los poderes públicos. Dicho precepto no diferencia que los derechos que tengan aplicación directa sean solamente los Derechos fundamentales, ya que recoge todo el elenco de derechos que se encuentran en el Capítulo II del Título I de la Constitución. Y este mecanismo de garantía permite otorgar una mayor protección a los ciudadanos garantizando, tal como hemos expuesto, que a pesar de que no haya una ley que desarrolle el Derecho en concreto, el mismo pueda ser ejercido por el ciudadano, sin esperar por lo tanto al desarrollo legislativo.

3. RESERVA DE LEY

La reserva de ley es aquel mecanismo de garantía que la Constitución Española recoge en el artículo 53.1 cuando señala que "Los derechos recogidos en el Capítulo 2º del Título Primero vincula a los poderes públicos y solo por ley respetando su contenido esencial podrán ser desarrollados". Esto se traduce, siguiendo a García Morillo, en la necesidad de que sea el poder legislativo y no otro órgano el que se encargue de regular estos derechos y las condiciones necesarias para poder ejercitar los mismos[101]. Tal como dice Melero Alonso[102], es el mecanismo a través del cual determina la

---

99 Ley Orgánica 6/1985, de 1 de julio, del Poder Judicial. En adelante Ley Orgánica del Poder Judicial.

100 GARCÍA MORILLO, J. "Los Derechos Fundamentales", en *Derecho constitucional. El ordenamiento constitucional. Derechos y deberes de los ciudadanos,* Óp. cit. p. 469.

101 *Ibídem,* p. 469.

102 MELERO ALONSO, E. "La flexibilización de la reserva de ley",*Revista jurídica de la Universidad Autónoma de Madrid,* núm. 10, Madrid, 2004, p. 109.

forma en la que se organiza la potestad legislativa que viene atribuida a las Cortes Generales y la potestad reglamentaria atribuida al Gobierno.

La función de la reserva de ley, como señala Melero Alonso[103], está ligada, dentro de un Estado Democrático, a la garantía de los Derechos de los ciudadanos. Es por tanto, a través de este mecanismo, por el que se garantiza la protección de los ciudadanos ante las intervenciones que realizan los poderes públicos. Y así lo expresa la Sentencia del Tribunal Constitucional cuando señala que es "una garantía esencial de nuestro Estado de Derecho" siendo su significado último el de asegurar que la regulación "de los ámbitos de libertad que corresponden a los ciudadanos dependa exclusivamente de la voluntad de sus representantes, por lo que tales ámbitos han de quedar exentos de la acción del ejecutivo y de sus productos normativos propios, que son los reglamentos. El principio no excluye la posibilidad de que las leyes contengan remisiones a normas reglamentarias, pero sí que tales remisiones hagan posible una regulación independiente y no claramente subordinada a la ley, lo que supondría una degradación de la reserva formulada por la Constitución en favor del legislador"[104].

Así pues, a través de este mecanismo de garantía se excluye la posibilidad de que el Gobierno pueda realizar ningún tipo de regulación sobre los derechos y libertades que la Constitución reconoce; ahora bien, esto presenta ciertos matices, ya que es posible que el Gobierno pueda intervenir regulando aspectos secundarios una vez que la ley desarrolla tal Derecho[105]. García de Enterría y Fernández lo expresan desde la perspectiva de que los reglamentos se encuentran sometidos a la ley, y se encargan de regular todo lo indispensable para garantizar la aplicación de la ley, pero no pueden ir más allá[106]. Esta tesis se recoge también en la Sentencia del Tribunal Supremo[107] cuando señala que todo reglamento ejecutivo (aunque habla de reglamento ejecutivo se puede perfectamente aplicar a la doctrina de la reserva de ley) deberá de incluir lo necesario para asegurar la aplicación correcta y plena de la ley. Por su parte, el Tribunal Constitucional señala que "la ley contiene una formulación general que tendrá su complemento indispensable mediante una reglamentación"[108].

---

103 *Ibídem*, p. 111.

104 STC 83/1984, de 24 de julio, Fundamento Jurídico 4.

105 *Ibídem*, Fundamento Jurídico 4.

106 *Ibídem*, p. 271.

107 STS 9655/1995, de 11 de mayo, Fundamento Jurídico 4.

108 STC 71/1982, de 30 de noviembre, Fundamento Jurídico 7.

Desde nuestra perspectiva, el "solo por ley" del reiterado citado artículo 53.1 impide que se puedan regular por reglamento el desarrollo de los derechos del Título1° Capítulo 2°, ya que se reserva única y exclusivamente al Poder Legislativo como órgano independiente, impidiendo la intromisión del Poder Ejecutivo, aunque se permiten reglamentos que, como hemos señalado antes, regulen cuestiones de detalle o mera ejecución, es decir, aspectos secundarios del Derecho. Pero puede también que se impida que la potestad reglamentaria se lleve a cabo por motivos técnicos o para, como dice el Tribunal Constitucional, "optimizar el cumplimiento de las finalidades propuestas por la Constitución o por la propia Ley"[109]. No faltan autores, como García Macho, que niegan la creación de reglamentos independientes y manifiestan su concepción amplia del principio de reserva de ley[110].

Dentro de este apartado de reserva de ley, merece especial mención la reserva de ley orgánica. En el artículo 53.1 de la Constitución Española se recoge una reserva de ley general que es la que se ha visto hasta ahora, sin embargo, los Derechos fundamentales, es decir, los del 15-29 incluyendo también el artículo 14 tienen que ser desarrollados, no por cualquier ley, sino por ley orgánica[111]. A través de la ley orgánica se otorga un mayor grado de protección y de garantía, ya que para regular los Derechos fundamentales es necesario que se desarrollen por una ley que requiere de la mayoría absoluta del Congreso de los Diputados, tanto para su aprobación como para su modificación o derogación. De esta forma tenemos el panorama siguiente; los derechos del Capítulo 2° del Título 1° tienen que ser desarrollados por ley genérica; ahora bien, los Derechos fundamentales necesitan de ley orgánica. Sin embargo, tal como señala García Morillo, hay que precisar el alcance de esta reserva de ley orgánica. Por un lado, esta reserva no implica que las demás leyes ordinarias no puedan afectar a los Derechos fundamentales, ya que son muy pocas las normas que no guardan relación directa o indirectamente con los Derechos fundamentales, lo que le llevaría al legislador a crear una multitud de leyes orgánicas y esto al final iría en contra de las previsiones constitucionales.

---

109 STC 86/1984, de 27 de julio, Fundamento Jurídico 4.

110 GARCÍA MACHO, R. *Reserva de ley y potestad reglamentaria,* Ariel, Barcelona, 1988, pp. 113-114. En misma opinión tenemos a GARRORENA MORALES, Á. *El lugar de la Ley en la Constitución española,* Centro de Estudios Constitucionales, Madrid, 1980, p. 68. GARRORENA MORALES, Á. "Reserva de ley", en *Temas básicos de Derecho Constitucional. Constitución, Estado Constitucional y fuentes del Derecho,* por Manuel ARAGÓN REYES, Civitas, Madrid, 2001, p. 305.

111 STC 116/1999, de 17 de junio, Fundamento Jurídico 3.

Lo que la Constitución con esta técnica pretende es que la ley orgánica regule los elementos básicos del ejercicio del Derecho fundamental, y tanto es así, que el Tribunal Constitucional considera que esta técnica debería de ser interpretada de forma restrictiva, considerando que la ley orgánica solo debería de regular los elementos básicos de las condiciones de ejercicio de los derechos siempre que afecten directamente sobre el ejercicio y disfrute de tal derecho[112]. Por otro lado, y siguiendo al mismo autor -García Morillo-, el margen que tienen las leyes orgánicas en cuanto a regular ciertas materias queda limitado, ya que debe de tratarse de materias relevantes, impidiendo que se realicen sobre las mismas modificaciones posteriores en función de los cambios parlamentarios que vayan sucediéndose[113].

En resumen, respaldando la perspectiva del autor mencionado, es importante subrayar que, a pesar de que en la mayoría de los casos los derechos suelen desarrollarse a través de leyes ordinarias, una categoría especial de estos derechos, conocidos como Derechos fundamentales, requiere una protección adicional en forma de leyes orgánicas. Esta distinción responde a la trascendental importancia que poseen los Derechos fundamentales en el entramado jurídico y social, así como a la necesidad de salvaguardarlos de cambios o derogaciones impulsados por mayorías parlamentarias temporales, lo que podría dejarlos a merced de decisiones arbitrarias por parte del gobierno de ese momento.

La reserva de los Derechos fundamentales a leyes orgánicas implica un nivel superior de protección, ya que la modificación o derogación de estas normas requiere procedimientos más rigurosos y, en muchos casos, la aprobación de mayorías cualificadas. Esta barrera legal busca asegurar la estabilidad y continuidad de los Derechos fundamentales, incluso en situaciones políticas cambiantes o períodos de alternancia en el poder legislativo.

La justificación subyacente es prevenir que los derechos esenciales de los individuos estén sujetos a vaivenes políticos o a decisiones coyunturales, garantizando así su arraigo en principios fundamentales que trascienden las variaciones partidistas. Al reservar la regulación de estos derechos a leyes orgánicas, se establece un marco legal más sólido y resistente, con

---

112 STC 173/1998, de 23 de julio, Fundamento Jurídico 7.

113 GARCÍA MORILLO, J. "Los Derechos Fundamentales" en *Derecho constitucional. El ordenamiento constitucional. Derechos y deberes de los ciudadanos,* Óp. cit. pp. 470-471. Véase también a FEIJÓO SÁNCHEZ, B. "Reserva de Ley Orgánica en materia penal e intervención del legislador en materia de Derechos Fundamentales", *Cuadernos de política criminal,* núm. 52, Madrid, 1994, pp. 91-111.

la finalidad de preservar la integridad y continuidad de los Derechos fundamentales como pilares fundamentales de la sociedad y del Estado de Derecho.

4. CONTENIDO ESENCIAL DE LOS DERECHOS CONSTITUCIONALES

El artículo 53.1 recoge el ya citado inciso de contenido esencial. Esto supone para el legislador una serie de límites a la hora de desarrollar los derechos de las personas, impidiendo un desarrollo de los derechos que siguiendo a García Morillo, suponga una restricción del ejercicio de los derechos por debajo de lo que la Constitución prevé[114]. El Tribunal Constitucional en su Sentencia 189/80[115] señala que la Constitución reconoce una amplísima libertad al legislador limitándose su actuación por ese contenido esencial del derecho.

Ese respeto de contenido esencial es un límite a la reserva de ley, que tal como veíamos anteriormente, supone el que sea el legislador el que le dote de contenido a los Derechos Constitucionales. El problema jurídico que aquí se nos plantea es delimitar el contenido esencial, es decir, qué entendemos por contenido esencial. Se trata de un núcleo mínimo que el legislador no puede traspasar. En posición de García Morillo, avalada por el Tribunal Constitucional en la sentencia que anteriormente citamos, habrá que estar "al concreto desarrollo de cada derecho constitucional para determinar si dicho desarrollo respeta o no su contenido esencial".

Ese concreto desarrollo, en posición también de Parejo Alfonso, depende del momento histórico en el que nos encontremos, siendo, como señalan el Tribunal Constitucional, de mayor o menor amplitud, dependiendo de las "directrices políticas" que en ese momento se impulsen. Siguiendo la misma Sentencia del Tribunal Constitucional en el mismo fundamento jurídico, se considera contenido esencial de un derecho subjetivo aquellas facultades que son necesarias para considerar que ese derecho pertenezca al tipo descrito y que no quede comprendido en otro, es decir, un contenido que no puede dejar de faltar para que los intereses jurídicamente protegidos en dicho derecho puedan ser ejercitados. Y como señala el autor citado, el contenido esencial no puede ser equivalente al mero contenido

---

114 GARCÍA MORILLO, J. "Los Derechos Fundamentales", en *Derecho constitucional. El ordenamiento constitucional. Derechos y deberes de los ciudadanos*, Óp. cit. p. 471.

115 STC 189/1980, de 8 de abril, Fundamento Jurídico 8.

del derecho, pues es esa esencialidad lo que permite diferenciarlo, es decir, aquellos elementos "integrantes del contenido que son absolutamente indispensables" para el ejercicio del derecho[116].

Para determinar entonces ese contenido esencial, el Tribunal Constitucional diseña dos vías: la primera de las vías sería, ligada a lo anterior, "el tipo abstracto del Derecho preexiste conceptualmente al momento legislativo y en este sentido se puede hablar de una recognoscibilidad de ese tipo abstracto en la regulación concreta". En otras palabras, esta primera vía considera como contenido esencial de un derecho aquel contenido que lo hace reconocible para pertenecer a la categoría jurídica que le corresponda, aunque dependerá del momento histórico y legislativo en el que nos encontremos para determinarlo. Para Luciano Parejo, ese momento dependerá de la idea colectiva del derecho en cada momento histórico pero que es "un producto del mundo jurídico, de los especialistas en derecho, como es la doctrina científica o la jurisprudencia".

La segunda vía que el Tribunal Constitucional señala para determinar el contenido esencial es el de localizar los intereses protegidos que se persiguen con ese derecho, es decir, el goce, ganancia, o su aprovechamiento. En la Sentencia del Tribunal Constitucional 11/1981 se señala que ambos criterios no son excluyentes, sino que son complementarios. De esta forma, cada vez que sea necesario valorar si se ha respetado el contenido esencial del derecho hay que realizar un análisis: primeramente reconocer el derecho que se regula y determinar la categoría jurídica a la que pertenece, y posteriormente identificar los intereses cuya protección se persiguen con ese derecho. De tal forma, se considerará que no se respeta ese contenido esencial en el momento en el que el desarrollo legislativo varía el derecho, de forma que se impide reconocerlo como perteneciente a la idea que se tiene de él, incluso si presenta limitaciones que impiden ejercitar el derecho más allá de lo que es esa protección necesaria, o bien si los intereses que se persigue proteger con ese derecho no quedan protegidos.

En resumen, La noción de contenido esencial, como bien señalas, es crucial para salvaguardar contra la erosión legislativa de los derechos fundamentales. Sin embargo, la determinación de qué constituye este contenido esencial presenta dilemas significativos, especialmente debido a la influencia de las circunstancias legislativas y las orientaciones

---

116 PAREJO ALFONSO, L. *El contenido esencial de los Derechos Fundamentales en la jurisprudencia del Tribunal Constitucional, a propósito de la sentencia del Tribunal Constitucional de 8 de abril de 1981,* Óp. cit. pp. 171-179.

políticas, lo que puede llevar a una variabilidad y falta de precisión en su definición.

La implicación de factores contingentes en la clasificación jurídica de los derechos y la interconexión entre los fines de protección y las orientaciones políticas subrayan la complejidad del proceso de determinación del contenido esencial. Esto, a su vez, resalta la importancia de una interpretación judicial cuidadosa y especializada para garantizar una protección coherente y efectiva de los derechos fundamentales.

La intervención del Tribunal Constitucional, como sugiere García de Enterría, se convierte en un mecanismo esencial para navegar estos dilemas. A través de una interpretación judicial experta, el Tribunal puede ofrecer una guía precisa sobre cómo deben entenderse y aplicarse estos criterios, asegurando así que el desarrollo legislativo de los derechos fundamentales se mantenga dentro de los límites que protegen su esencia y propósito.

Este enfoque no solo fortalece el marco de protección de los derechos fundamentales sino que también promueve un equilibrio entre la necesidad de regulación legislativa y la preservación de los principios constitucionales. La labor del Tribunal Constitucional, en este contexto, es fundamental para mantener la integridad del ordenamiento jurídico y garantizar que los derechos fundamentales se respeten y protejan efectivamente en todos los contextos y coyunturas políticas[117].

---

117 GARCÍA DE ENTERRÍA, E. "La posición jurídica del Tribunal Constitucional en el sistema español; posibilidades y perspectivas", *Revista Española de Derecho Constitucional*, vol.1, núm. 1, Madrid, 2014, pp. 35-38.

Capítulo IV

El derecho a la igualdad

1. LA CLÁUSULA GENERAL DEL DERECHO A LA IGUALDAD

La Constitución Española integra una cláusula general que establece que todos los españoles son iguales ante la ley, y se prohíbe las discriminaciones por razones o condiciones personales o sociales. Esta cláusula está recogida dentro del título I "De los Derechos y deberes Fundamentales" Capítulo II "De los Derechos y libertades". Este Capítulo II está desglosado a su vez en el artículo 14 y en dos secciones, siendo la sección primera "De los Derechos fundamentales y de las Libertades Públicas" y sección segunda "De los Derechos y deberes de los ciudadanos", dignos todos ellos de una mayor protección constitucional[118], siendo el pórtico[119] dicho artículo 14.

Se trata de un derecho que tiene su origen en el fin del Antiguo Régimen, época en la que debido a la diversidad de ordenamientos jurídicos que existían, la aplicación de las normas dependía del estamento social que se ocupara, y ~~en~~ donde a cada grupo social le correspondía unos tribunales distintos. El ideario liberal[120] reivindicaba la necesidad de acabar con esta desigualdad, e igualar a todos los ciudadanos frente a la ley, con independencia del estamento social que se ocupara[121]. Es por tanto, una de las principales reivindicaciones de los movimientos liberales hasta el punto de que su proclamación forma parte de la fundamentación del Estado surgido de la Revolución Francesa[122].

---

118 LÓPEZ GUERRA, L. *Introducción al Derecho constitucional,* Óp. cit. pp. 104-105. Véase también a GÁLVEZ MUÑOZ, L. "La cláusula general de igualdad", *Anales del Derecho,* núm. 21, Murcia, 2003, pp. 195-206.

119 LÓPEZ GUERRA, L. *Derecho constitucional. El ordenamiento constitucional. Derechos y deberes de los ciudadanos,* Óp. cit. p. 180.

120 SUAY RINCÓN, J. *El principio de igualdad en la justicia constitucional,* Óp. cit. pp. 25 y ss.

121 LÓPEZ GUERRA, L. *Derecho constitucional. El ordenamiento constitucional. Derechos y deberes de los ciudadanos,* Óp. cit. p. 180.

122 GÁLVEZ MUÑOZ, L. Sinopsis al artículo 14 Constitución Española. https://app.congreso.es/consti/constitucion/indice/sinopsis/sinopsis.jsp?art=14&tipo=2.

El artículo 14 tiene sus principales inspiraciones[123]en el artículo 2 de la Constitución de 1931, donde se recoge que "todos los españoles son iguales ante la ley[124] "y en el artículo 25 cuando señala "no podrán ser fundamento de privilegio jurídico, la naturaleza, la filiación, el sexo, la clase social, la riqueza, las ideas políticas y las creencias religiosas. El Estado no reconoce distinciones ni títulos nobiliarios".

En el caso español, durante el proceso constituyente no hubo mucha controversia sobre tal precepto a pesar de las diversas ideologías políticas que estaban siendo representadas por los "padres de la Constitución". Sin embargo, es un precepto que ha dado lugar a una gran diversidad de transformaciones, superando el concepto formal[125] de igualdad ante la ley y adentrándose en el de igualdad material, esto es, igualdad en la ley.

La cláusula general de igualdad, como ya hemos señalado, se manifiesta en la Constitución Española en tres dimensiones[126]: como valor superior del ordenamiento jurídico, como principio constitucional y como Derecho fundamental. Sin embargo, hay que añadir que además esta cláusula general de igualdad actúa como límite en la actuación de los poderes públicos, ya que, en relación con el artículo 9.3 de la Constitución Española[127], los poderes públicos no pueden actuar de forma arbitraria, y siguiendo a Gálvez Muñoz, se trata de imponer la obligación por mandato constitucional para que, si crean alguna situación de discriminación, deba de ser justifi-

---

[123] Véase manifestaciones anteriores en las distintas constituciones: CONSTITUCIÓN de 1837, artículo 5 "Todos los españoles son admisibles a los empleos y cargos públicos, según su mérito y capacidad". CONSTITUCIÓN de 1869, artículo 27. "Todos los españoles son admisibles a los empleos y cargos públicos según su mérito y capacidad. La obtención y el desempeño de estos empleos y cargos, así como la adquisición y el ejercicio de los Derechos civiles y políticos, son independientes de la religión que profesen los españoles. El extranjero que no estuviere naturalizado no podrá ejercer en España cargo alguno que tenga aneja autoridad o jurisdicción".

[124] CONSTITUCIÓN de 1931, artículo 2. "Todos los españoles son iguales ante la ley".

[125] LÓPEZ GUERRA, L. *Derecho constitucional. EL ordenamiento constitucional. Derechos y deberes de los ciudadanos,* Óp. cit. p. 18.

[126] FREIXES SANJUÁN, T. y REMOTTI CARBONELL, J. C. *Los valores y principios en la interpretación constitucional,* Óp. cit. pp. 97-100.

[127] PÉREZ ROYO, J. *Curso de Derecho Constitucional,* Marcial Pons, Madrid, 2002, pp. 28-289. XIOL RÍOS, A. "El principio de igualdad en la aplicación de la ley", en *El principio de igualdad en la Constitución Española.* XI Jornadas de Estudio del Servicio Jurídico del Estado, Ministerio de Justicia, vol. I, Madrid, 1991, pp. 241 y ss.

cada y razonable[128]. De hecho, como se ve posteriormente, se han creado leyes que generan una situación de desigualdad entre los grupos sociales; sin embargo, es constitucional porque, tras una exhaustiva valoración, está suficientemente justificado y, por ende, es razonable, pues a la misma vez que los poderes públicos tienen un límite en sus actuaciones, cuentan con una obligación constitucional que es eliminar todo obstáculo que suponga una situación de discriminación, para garantizar la igualdad entre las personas[129], llamada acción positiva, la cual se verá más detenidamente en otro punto de este Capítulo.

En resumen, la igualdad se erige como un límite crucial a la acción de los poderes públicos, imponiendo la condición de que cualquier intervención gubernamental que genere discriminación entre grupos sociales sería ilegal si se percibe como arbitraria. Es fundamental reconocer que, en este contexto, la arbitrariedad se convierte en un criterio determinante para evaluar la legitimidad de las acciones de los poderes públicos. Así, se establece la premisa de que, aunque puedan surgir situaciones de desigualdad entre individuos, estas solo serán admisibles si la actuación de los operadores jurídicos es fundamentada y motivada, en lugar de basarse en criterios injustificados o discriminatorios.

Este enfoque resalta la importancia de la justificación razonada y lógica en las decisiones y políticas adoptadas por los poderes públicos. La igualdad, como principio rector, busca prevenir cualquier forma de trato desigual y asegurar que las diferencias en el trato entre distintos grupos sociales estén respaldadas por razones objetivas y legítimas. En este sentido, se promueve la idea de que la acción gubernamental debe ser transparente, fundamentada en principios de equidad y dirigida a la promoción de una sociedad justa.

En consecuencia, este enfoque pone de relieve la responsabilidad de los operadores jurídicos y las autoridades en la toma de decisiones que afectan a la igualdad entre ciudadanos. La exigencia de fundamentación y motivación actúa como una salvaguarda, garantizando que las acciones del poder público estén alineadas con los principios constitucionales y que cualquier restricción o diferencia en el trato sea justificada de manera clara y objetiva[130]. En

---

[128] LAURENZO COPELLO, P. *La discriminación por razón de sexo en la legislación penal,* Óp. cit. p. 19.

[129] LAURENZO COPELLO, P. *La violencia de género en la ley integral,* Óp. cit. pp. 3-10.

[130] MONTOYA MELGUER, A. *La igualdad como valor, como principio y como Derecho fundamental,* Óp. cit. p. 3.

última instancia, esta concepción de la igualdad como límite a la actuación gubernamental busca equilibrar la necesaria flexibilidad para abordar las complejidades sociales con la protección de los Derechos fundamentales y la prevención de prácticas discriminatorias e injustas[131].

2. LA IGUALDAD COMO DERECHO

El artículo 14 de la Constitución Española recoge un auténtico derecho[132] subjetivo[133] de los españoles, que puede ser invocado ante los tribunales, a través del artículo 24 de la Constitución Española y que además viene protegido en su artículo 53 precepto que ya hemos visto con anterioridad, cuando señala que cualquier persona podrá pedir la tutela de los derechos recogidos en el artículo 14 de la Constitución Española ante la jurisdicción ordinaria, y, una vez agotada la vía interna, se podrá acudir ante el Tribunal Constitucional a través del recurso de amparo.

De esta forma, el artículo 14 ha sido objeto de una multiplicidad de recursos de amparo, dando lugar a una variada doctrina jurisprudencial. Así pues, el artículo 14 no se limita a consagrar un Derecho fundamental más, siendo el marco o punto de partida en el que se desarrollan todos los derechos y libertades[134]. Dicho artículo cumple el papel del artículo 14 del Convenio Europeo de Derechos Humanos, que asegura la igualdad y la no discriminación en el goce y ejercicio de los derechos reconocidos en dicho Convenio.

El Derecho a la igualdad contempla el derecho de toda persona a ser tratada de la misma manera que los demás en una situación comparable[135], o bien, en contraposición, el no ser tratado de la misma manera cuando nos encontramos en distinta situación[136]. Así el Tribunal Constitucional

---

131 NOGUEIRA ALCALÁ, H. "El Derecho a la Igualdad en la jurisprudencia constitucional", *Ius et Praxis*, vol. 2, núm. 2, Santiago de Chile, 1997, p. 236.

132 BAÑO LEÓN, J.M. "La igualdad como Derecho público subjetivo", *Revista de Administración Pública*, núm. 114, Madrid, 1987, pp. 179-195.

133 GARCÍA MORILLO, J. *Derecho constitucional. El ordenamiento constitucional, Derechos y deberes de los ciudadanos*, Óp. cit. p. 182.

134 RODRÍGUEZ-PIÑERO, M. y BRAVO FERRER. M. *El principio de igualdad en la constitución española*, Secretaría general técnica, centro de publicaciones, vol. II, Madrid, 1991, p. 1069.

135 *Ibídem*, p. 1069.

136 GARCÍA MORILLO, J. *Derecho constitucional. El ordenamiento constitucional, Derechos y deberes de los ciudadanos*, Óp. cit. p. 182. Para ver la importancia de la igualdad en

señala que, quien alegue la infracción del artículo 14 de la Constitución Española deberá de fundarlo en un término de comparación del que se desprenda con claridad la desigualdad denunciada, ya que no se puede producir una infracción del Derecho a la igualdad de forma aislada[137]. Como derecho relacional, su infracción requiere inexcusablemente como presupuesto la existencia de una diferencia de trato entre situaciones sustancialmente iguales, cuya razonabilidad o no deberá valorarse con posterioridad. Y esta diferencia de trato es un extremo que debe ser puesto de manifiesto por el interesado"[138].

Se trata de un mandato en el que se impone a los poderes públicos la necesidad de tratar a los ciudadanos que se encuentren en la misma situación de la misma manera, imponiendo así al legislador la necesidad de que se impida las diferencias de trato que carecen de una justificación objetiva y razonable. De ahí que el Tribunal Constitucional haya afirmado el carácter vinculante de este principio tanto para el legislador, cuando hablamos de igualdad en la ley, como para los órganos aplicadores, igualdad en la aplicación de la ley, y para los particulares, igualdad horizontal[139]. Por ello, el Tribunal Constitucional ha venido declarando la ilegitimidad constitucional de los tratamientos diferenciados que no son fundados[140].

El principio de igualdad trata de tutelar no solo el acto justo, que es el hecho de tratar de la misma manera a todos los que están sometidos a las mismas reglas, que es fruto de la seguridad jurídica, sino que se tutela la regla justa, esto es, que todos deben de ser tratados igualmente, de forma que no pueda haber desigualdades o distinciones arbitrarias[141]. La carga de demostrar el carácter justificado y razonable de la diferenciación recae

---

el movimiento constitucional véase a PÉREZ ROYO, J. *Curso de Derecho Constitucional*, Óp.cit. pp. 288-289.

137 SERRANO GONZÁLEZ, *El principio de igualdad ante la ley en la jurisprudencia del Tribunal Constitucional*, Óp. cit. p. 59.

138 STC 106/1994, de 11 de abril, Fundamento Jurídico 2.

139 GÁLVEZ MUÑOZ, L. "Cláusula general de igualdad", Óp. cit. p. 202.

140 En general ver las siguientes sentencias donde se recoge la misma fundamentación; SSTC 83/1984, de 8 de febrero, Fundamento Jurídico 3; 20/1991, de 31 de enero, Fundamento Jurídico 2; 176/1993, de 27 de mayo, Fundamento Jurídico 2; en relación con el sexo, entre otras, SSTC 128/1987, de 16 de julio, Fundamento Jurídico 6; 207/1987, de 22 de diciembre, Fundamento Jurídico 2; 145/1991, de 1 de julio, Fundamento Jurídico 3; 147/1995, de 16 de octubre, Fundamento Jurídico 2; 126/1997, de 3 de julio, Fundamento Jurídico 8.

141 SERRANO GONZÁLEZ, A. *El principio de igualdad ante la ley en la jurisprudencia del Tribunal Constitucional*, Óp. cit. p. 59.

sobre quien la defiende y como señala el Tribunal Constitucional. "se torna aún más rigurosa en aquellos casos que quedan genéricamente dentro de la cláusula general de igualdad del artículo 14 Constitución Española, al venir dado el factor diferencial por uno de los típicos que el artículo 14 Constitución Española concreta para vetar que en ellos pueda basarse la diferenciación, como ocurre con el sexo, la raza, la religión, el nacimiento y las opiniones[142]".

El motivo de ello es porque se trata de "categorías sospechosas de discriminación", de tal modo que todo trato desigual basado en alguna de estas causas debe de ser sometido a un especial y riguroso estudio para determinar si se trata de una causa suficientemente justificada[143]. Un ejemplo[144] claro podrían ser la Ley Orgánica 3/2007 para la igualdad efectiva entre hombres y mujeres y la LVIG, ambas leyes sometidas a un especial y riguroso estudio, y que se ha señalado que se trata del mandato constitucional del artículo 9.2 de la Constitución Española, donde se impone ese deber de los poderes públicos[145] de eliminar todo tipo de obstáculos para conseguir la igualdad entre las personas, y por ende, considerada una discriminación objetiva y razonable[146].

Se va a pasar ahora a realizar un análisis sobre la igualdad ante la ley, y de esta forma se explicará por qué ciertas leyes, como las señaladas en el párrafo anterior, no se aplican a todos por igual, a pesar de que el mandato constitucional es que todas las leyes deberán de ser iguales para todos los ciudadanos.

3. LA IGUALDAD ANTE LA LEY

La igualdad ante la ley "tiene unos antiguos antecedentes en la idea griega de isonomía, siendo el resultado y parte esencial de la ideología liberal desarrollada por la Ilustración, y consagrada por primera vez en las declaraciones de Derechos de la Revolución Francesa"[147]. El primer efecto

---

142 STC 81/1982, de 21 de diciembre, Fundamento Jurídico 2.

143 GÁLVEZ MUÑOZ, L. "Cláusula general de igualdad", Óp. cit. p. 203.

144 Referencias a la Ley Orgánica 3/2007, de 22 de marzo, para la igualdad efectiva de mujeres y hombres y a la Ley Orgánica 1/2004, de 28 de diciembre, de Medidas de Protección Integral contra la Violencia de Género.

145 LÓPEZ RODÓ, L. "El principio de igualdad en la jurisprudencia del Tribunal Constitucional", *Revista de Administración Pública*, núm. 100, Madrid, 1983, pp. 331-345.

146 SANZ CABALLERO, S. *El Derecho a la Igualdad*, Óp. cit. pp. 639-738.

147 RUIZ MIGUEL, A. "La igualdad en la jurisprudencia del Tribunal Constitucional", *Revista Doxa*, 1996, núm. 19, Alicante, pp. 39-80.

del Derecho a la Igualdad recogido en el artículo 14 de la Constitución Española es la igualdad ante la ley, llamado también igualdad formal, que supone que la ley es la misma para todos los ciudadanos. Por ello, las leyes deberán de ser universales, es decir, su validez alcanza a todos los ciudadanos. Deberán además ser generales y abstractas, esto es, no pueden ir dirigidas a un grupo concreto de personas, sino a todos los ciudadanos. Y por último deberán de ser duraderas, no caben así las leyes creadas para una situación en concreto[148].

Lo cierto es que, actualmente los poderes públicos, deben de corregir ciertas desigualdades sociales, permitiendo, siempre que sea justificado y razonable, dictar normas dirigidas a ciertos grupos sociales que se encuentran en una situación diferente, desigual y específica, a la de otros grupos sociales, esto hace que este principio se vea quebrado.

Un ejemplo ya mencionado anteriormente es la LVIG, la cual, debido al incremento de mujeres asesinadas a manos de sus parejas, basándose en una situación de desigualdad que lleva produciéndose desde épocas anteriores, el legislador vio la necesidad de crear una ley dirigida a la mujer, especialmente a las víctimas de violencia de género. De esta forma, se trata de una norma dirigida específicamente al colectivo de la mujer, porque se encuentra en una situación más desventajosa que el hombre, y que siguiendo al Tribunal Constitucional, se trata de una norma "compatible con el principio de igualdad cuando la singularidad de la situación resulte inmediatamente de los hechos, de manera que el supuesto de la norma venga dado por ellos y solo quepa al legislador establecer las consecuencias jurídicas necesarias para alcanzar el fin que se propone". Es por ello por lo que se podría crear una ley específica que prescinda del contenido de abstracción.

El Tribunal Constitucional ha recogido que la esencia del artículo 14 de la Constitución Española es evitar que las situaciones de desigualdad que se realicen no sean objetivas ni razonables, teniendo que cumplir el fin de que sean proporcionales, es decir, que el motivo por el que se produce una situación de discriminación sea proporcional al objetivo que se tiene, por ejemplo, si se discrimina al hombre que sea proporcional con el objetivo, que al final es proteger a la mujer. Esto equivale a decir "que la prohibición de desigualdad arbitraria o injustificada no se refiere al alcance subjetivo de la norma, sino a su contenido y, en su virtud, que la Ley singular supues-

---

148 GARCÍA MORILLO, J. *Derecho constitucional. El ordenamiento constitucional. Derechos y deberes de los ciudadanos,* Óp. cit. p. 183.

to el más intenso de Ley diferenciadora debe responder a una situación excepcional igualmente singular y que su canon de constitucionalidad es la razonabilidad y proporcionalidad de la misma al supuesto de hecho sobre el que se proyecta"[149](...) "la ley singular sólo será compatible con el principio de igualdad cuando la singularidad de la situación resulte inmediatamente de los hechos, de manera que el supuesto de la norma venga dado por ellos y sólo quepa al legislador establecer las consecuencias jurídicas necesarias para alcanzar el fin que se propone"[150].

En otras palabras, la igualdad ante la ley consiste en que las normas deben de ser iguales para todas las personas que se encuentren en las mismas circunstancias, sin que de ello se deriven privilegios para unos u otros encontrándose en condiciones similares. Ahora bien, no estamos hablando de una igualdad absoluta, sino que ha de aplicarse la ley en cada caso según las diferencias que existan entre ellos. Supone la posibilidad de tratar por desigual a los desiguales; por ello, no se impide la creación de leyes para grupos sociales específicos que se encuentran en situación diferente, siempre que la misma no sea una actuación arbitraria ni injustificada del legislador, para perjudicar sin fundamento alguno a un grupo social y beneficiar a otro, en situaciones comparables[151].

4. LA IGUALDAD EN LA LEY

El principio de igualdad no solo contempla que la ley deba de ser igual para todos los ciudadanos, sino que también tal principio hace mención a la necesidad que tienen las leyes para tratar por igual a todos los ciudadanos, reconociendo iguales derechos y obligaciones para los mismos; sin embargo, esto tiene su excepción.

En la igualdad ante la ley se contemplaba que las leyes deben ser generales y abstractas salvo en ciertos casos ~~en~~ donde de forma justificada y objetiva puedan crearse leyes específicas. En la igualdad en la ley ocurre lo mismo, pues aunque la ley debe de tratar por igual a todos los ciudadanos, es cierto que cuando dos grupos sociales se encuentran en distinta situación la ley no puede tratarlos de la misma manera, porque a su vez se

---

149 STC 166/1986, de 19 de diciembre, Fundamento Jurídico 11.

150 *Ibídem.*

151 BLANC, N. *La Constitución chilena,* Centro de Estudios y Asistencia Legislativa, Tomo I, Universidad Católica de Valparaíso, Santiago de Chile, 1990, p. 97.

estaría creando una situación discriminatoria[152]. Un ejemplo de ello sería el sistema tributario.

La Constitución Española dice en su artículo 33[153] que "todos deberán de contribuir a un sistema tributario justo (...)" y recoge la necesidad de que tal sistema tributario esté inspirado, entre otros, por el principio de igualdad, pues dos personas con la misma capacidad económica deberán de contribuir de la misma manera, de lo contrario, dos personas con distinta capacidad económica no pueden contribuir de la misma manera, pues esto llevaría a una situación de desigualdad.

Si se observa el artículo 14 de la Constitución Española y lo ponemos en relación con el artículo 9.2, podríamos caer en el error de pensar que existe una contradicción[154], pues, por un lado, se está obligando a los poderes públicos a no crear situaciones discriminatorias entre las personas, y por otro lado se les está obligando a eliminar todos los obstáculos que impidan una igualdad real y efectiva entre los ciudadanos. Pero esto no es así. Para poder entender esta contradicción tenemos que partir de que todos tenemos derecho a que las leyes nos traten de la misma manera, sin que ~~no~~ exista ningún tipo de discriminación. Sin embargo, no se trata de cualquier conducta discriminatoria, sino aquella por parte de los poderes públicos que no esté basada en causas objetivas, razonables y proporcionadas, es decir, que sea arbitraria y carente de justificación.

El Tribunal Constitucional lo ha venido manifestando en innumerables sentencias, manteniendo siempre la misma posición. El artículo 14 de la Constitución Española contiene "en su primer inciso una cláusula general

---

[152] LÓPEZ GUERRA, L. *Derecho constitucional. El ordenamiento constitucional,* Óp. cit. p. 185. "Es un hecho incontestable el que los ciudadanos y los grupos sociales se hallan en realidad en una situación de desigualdad; podrán ser iguales ante la ley, pero no lo son en la realidad. Esta desigualdad está constitucionalmente considerada en el artículo 9.2 CE, cuando instituye a los poderes públicos en la obligación de promover las condiciones para que la igualdad de los individuos y grupos sociales sea real y efectiva, lo que supone el reconocimiento constitucional de que hoy no lo es. De ese reconocimiento surge la atribución a los poderes públicos de una función promocional encaminada a la plasmación real de la igualdad legal".

[153] Artículo 33 de la Constitución Española. Se reconoce el derecho a la propiedad privada y a la herencia. La función social de estos derechos delimitará su contenido, de acuerdo con las leyes. Nadie podrá ser privado de sus bienes y derechos sino por causa justificada de utilidad pública o interés social, mediante la correspondiente indemnización y de conformidad con lo dispuesto por las leyes.

[154] GARCÍA MORILLO, J. *Derecho constitucional. El ordenamiento constitucional. Derechos y deberes de los ciudadanos,* Óp. cit. p. 187.

de igualdad de todos los españoles ante la ley (...)"[155] considerado como un derecho subjetivo de los ciudadanos para que sean tratados de la misma manera, imponiendo en palabras del Tribunal Constitucional la necesidad de que "los poderes públicos lo respeten, y exigen que los supuestos de hecho iguales sean tratados idénticamente en sus consecuencias jurídicas", de tal forma que en caso de introducir alguna diferenciación, "tiene que existir una suficiente justificación de tal diferencia, que aparezca al mismo tiempo como fundada y razonable. De acuerdo con los criterios y juicios de valor generalmente aceptados, y cuyas consecuencias no resulte, en todo caso, desproporcionadas"[156].

Como regla general, se exige del principio de igualdad la necesidad de tratar por igual a supuestos de hecho con idénticas consecuencias jurídicas, prohibiendo todo tipo de trato arbitrario y carente de justificación. Para valorar cuándo estamos ante una situación discriminatoria, pero lícita, hay que estudiar diferentes elementos:

A) Supuestos de hecho idénticos o similares. En este sentido el Tribunal Constitucional ha venido declarando "la ilegitimidad constitucional de los tratamientos diferenciados"[157]entre quienes se hallan en situaciones idénticas.

B) Término comparativo. Se tendrá que realizar un *"tertium comparationes"*, esto es, un término comparativo, que permita llegar a concluir que se ha tratado de forma injustificada y desigual a personas en situaciones de hecho comparables. Por decirlo en palabras del Tribunal Constitucional, "es sabido que para efectuar el juicio de igualdad y razonar acerca de la posible vulneración del Derecho a la Igualdad hace falta que se aporte un adecuado término de comparación, sin cuya concurrencia no es posible llevar a cabo aquella operación"[158].

C) Finalidad legítima. No solo bastan situaciones de hecho comparable, sino que hay que añadir una finalidad legítima. Esto es, debe de perseguirse con esta situación de desigualdad una finalidad legítima y constitucionalmente admisible. En otras palabras, que no se trate de un fin arbitrario, que pueda contradecir los valores, principios y algún precepto de la Constitución.

---

155 STC 161/2004, de 4 de octubre, Fundamento Jurídico 1.

156 *Ibídem,* Fundamento Jurídico 1.

157 STC 161/2004, de 4 de octubre, Fundamento Jurídico 1.

158 STC 14/ 1985, de 14 de febrero, Fundamento Jurídico 3.

D) Congruencia. También es necesario que tales situaciones discriminatorias, para valorarlas como legítimas, sean congruentes. Esto es, que exista una congruencia entre la situación discriminatoria y el fin que se persigue con la situación de desigualdad. El Tribunal Constitucional lo ha venido señalando como una "relación directa y razonable" con la finalidad perseguida[159].

E) Proporcionalidad. Las diferencias de trato que se deriven de tal distinción deberán ser proporcionadas a la finalidad perseguida, evitando de este modo, resultados gravosos o desmedidos. En conclusión, "no solo exige que la diferencia de trato resulte objetivamente justificada, sino también que supere un juicio de proporcionalidad en sede constitucional sobre la relación existente entre la media adoptada, el resultado producido y la finalidad pretendida"[160].

En conclusión, el Derecho a la Igualdad contempla en su precepto unas razones concretas de discriminación, no siendo éstas una lista cerrada de supuestos discriminatorios[161]. Pero sí presenta históricamente una práctica de los poderes públicos en los que se discriminaba a sectores de la población sin justificación, simplemente por motivos o razones de discriminación que dicho precepto prohíbe.

Por ello, ya sea una actuación de los poderes públicos discriminatoria basada en dichas razones o en otras -aunque tenga que realizarse un juicio de valor más exhaustivo cuando se discrimina por dichas causas-[162] es necesario para ver si es lícito o no, y por ende si se deriva del mandato constitucional de eliminar obstáculos que impidan la igualdad, que aquellos sujetos que se discrimina frente a otros se encuentren en distinta situación de hecho, que además tenga una finalidad legítima y admisible, que guarde una estrecha vinculación entre la situación discriminatoria y la finalidad perseguida, y por último, que sea proporcional con las circunstancias de hecho y la finalidad que la justifica[163].

---

159 STC 114/1987, de 6 de julio, Fundamento Jurídico 5.

160 STC 161/2004, de 4 de octubre, Fundamento Jurídico 3.

161 STC 75/1983, de 3 de agosto, Fundamento Jurídico 3.

162 STC 161/2004, de 4 de octubre, Fundamento Jurídico 3; STC 128/1987, de 16 de julio, Fundamento Jurídico 5; STC 166/1988, de 26 de septiembre, Fundamento Jurídico 2.

163 STC 119/2002, de 20 de mayo, Fundamento Jurídico 3; STC 27/2004, de 4 de marzo, Fundamento Jurídico 4.

5. LA IGUALDAD EN LA APLICACIÓN DE LA LEY

La igualdad ante la ley y en la ley es un mandato dirigido especialmente al legislador, que es el encargado de la elaboración de las leyes. Sin embargo, la igualdad en la aplicación de la ley afecta a dos poderes, al ejecutivo y al judicial, y les atañe de manera distinta.

a. Poder ejecutivo

La administración se halla vinculada por el cumplimiento de dicho principio y con el sometimiento a la ley y al Derecho, no pudiendo así otorgar un trato desigual a quienes se encuentran en situaciones idénticas. Sin embargo, esta vinculación deberá de ser relativizada, pues dependerá de lo que analicen los tribunales tras la revisión jurisdiccional de los actos administrativos. Siguiendo a López Guerra, para saber si se ha producido una violación del principio de igualdad por parte de la administración, el órgano judicial, en las sentencias que enjuicien posibles actividades administrativas que hayan sido impugnadas por supuesta vulneración del principio, deberá realizar una valoración sobre cómo se aplicó dicho principio[164].

Las actividades administrativas que sean contrarias a ese principio de igualdad serán impugnadas en sede jurisdiccional, y verificadas aquí. Los precedentes administrativos serán sometidos a una comparación, dejando de tener efectos cuando los tribunales se hayan pronunciado acerca de la interpretación de la ley respecto a la actuación administrativa de que se trate.

b. Poder judicial

El principio de igualdad en la aplicación de la ley deberá de ser respetado por los órganos jurisdiccionales. Esto implica que "que un mismo órgano no puede modificar arbitrariamente el sentido de sus decisiones en casos sustancialmente iguales, sin fundamentación suficiente y razonable, si bien el cambio de criterio puede estar motivado expresamente o desprenderse de la propia resolución o de otros elementos de juicio externos"[165]. Como vemos, el principio de igualdad en la aplicación de la ley tiene una problemática, pues es difícil resolver a veces, siempre en los

---

164 OLLERO TASSARA, A. *Relevancia constitucional de igualdad*, Óp. cit. pp.548-551. Véase a SOLOZÁBAL ECHEVARRÍA, J. "La igualdad en la aplicación de la ley", en *Homenaje al profesor Dr. Gonzalo Rodríguez Mourullo*, Civitas, Madrid, 2005, pp. 2197-2208. GIL CERDÁ, S. "La igualdad real y efectiva, ¿una realidad?", *Revista de la Guardia Civil*, núm. 56, Madrid, 2018, pp. 63-65.

165 STC 144/1988, de 12 de julio, Fundamento Jurídico 3.

mismos términos, sobre supuestos que se pretenden iguales[166]. No se trata de realizar una aplicación mecánica de dicho principio, sino de no caer en un pronunciamiento arbitrario por incurrir en desigualdades que no están justificados en un cambio de criterio. Este quebrantamiento del principio de igualdad[167] deberá ser valorado desde la perspectiva de que los pronunciamientos contradictorios procedan de un mismo tribunal, pues no hay que olvidar la independencia de los órganos jurisdiccionales y su posibilidad de interpretar las normas jurídicas en sentido diferente a la realizada por otros órganos jurisdiccionales. Y si aún así procede de un mismo tribunal, será necesaria una justificación argumentativa del cambio de criterio seguido por el órgano judicial.

Dicho en otros términos, solo es posible alegar violación del principio de igualdad en la aplicación de la ley cuando tal desigualdad proceda de un mismo órgano judicial, no siendo admisible comparar resoluciones judiciales que procedan de órganos distintos, fundamentándolo en la independencia judicial. Y deberá en segundo lugar valorar si el órgano judicial cambió de criterio de forma justificada y razonable. No se puede impedir que los órganos judiciales vuelvan a examinar sus propias resoluciones anteriores adaptando la interpretación de la norma a una realidad social dada en cada momento[168].

6. DISCRIMINACIÓN POSITIVA

La discriminación positiva conlleva a los poderes públicos a crear situaciones de favorecimiento en favor de ciertos grupos sociales que se encuentran históricamente marginados y preteridos, a fin de que, como dice el Tribunal Constitucional[169], mediante un trato especial más favorable, vean suavizada o corregida una situación de desigualdad social. Esto es llamado discriminación positiva.

Por su parte, el Consejo de Europa establece su propia definición del concepto de discriminación positiva como "estrategias destinadas a establecer la igualdad de oportunidades por medio de unas medidas que permi-

---

166 MORENO PÉREZ, J. M. "El principio de igualdad en la aplicación de la ley; supervivencia en el ámbito de la doctrina constitucional", *Temas Laborales*, núm. 73, Sevilla, 2004, pp. 327-334.

167 GIL CERDÁ, S. *Igualdad real y efectiva ¿una realidad?*, Óp. cit.p. 64.

168 STC 141/1994, de 9 de mayo, Fundamento Jurídico 2.

169 STC 128/1987, de 16 de julio, Fundamento Jurídico 6.

tan contrastar o corregir aquellas discriminaciones que son el resultado de prácticas y sistemas sociales"[170] . El artículo 23 de la Carta Europea de Derechos Humanos consagra las acciones positivas al establecer que "el principio de igualdad no impide el mantenimiento o la adopción de medidas que ofrezcan ventajas concretas a favor del sexo menos representado"[171].

En España, donde se ha utilizado más la discriminación positiva ha sido en la discriminación por razón de sexo, con la finalidad de acabar con una histórica situación de inferioridad atribuida a la mujer. Esto ha hecho que los poderes públicos adopten medidas para incorporar a la mujer a aquellos ámbitos sociales donde se encuentra más desprotegida. Por poner un ejemplo, citamos el sistema de cuotas electorales; dado que la mujer históricamente ha estado relegada al ámbito privado, lo que en Alemania se ha denominado como las tres Kas[172] (*Kirche, Kinder, Küchen*) y por lo tanto, ha quedado ausente en el plano público.

En España, para paliar esta situación y obtener una mayor aparición de la mujer en los círculos de poder, se han creado los sistemas de cuotas electorales[173], esto es, la reserva de plazas en las listas electorales de los partidos políticos nacionales para que sean ocupadas por mujeres, dando como resultado una aparición significativa de la mujer en el mundo de la política. Fueros los partidos políticos los que promovieron esta herramienta igualitaria, de tal forma que las mujeres integran un determinado número o porcentaje, ya sea en las listas electorales, en un comité o asamblea parlamentaria, todo ello con la idea de que no queden fuera de la vida pública[174].

Es importante destacar que no solo hemos tenido el sistema de cuotas como política de discriminación positiva. Así, cabe mencionar las leyes como, la Ley Orgánica 1/2004 de Medidas de Protección Integral contra la Violencia de Género y la Ley Orgánica 3/2007 para la Igualdad Efectiva de hombres y mujeres. Con la primera, se ha castigado con una pena mayor la violencia del hombre a la mujer, con la finalidad de eliminar conductas que históricamente se ha venido produciendo en el seno de la familia, y que en los últimos tiempos se han incrementado notablemente. Y, con la

---

170 Comité para la Igualdad entre Hombres y Mujeres del Consejo de Europa.

171 GÓMEZ SÁNCHEZ, Y. *Derecho constitucional europeo*, Sanz y Torres, Madrid, 2015, p. 93..

172 BOCK G. *La mujer en la historia de Europa*, Crítica, Barcelona, 2001, p. 57.

173 SÁNCHEZ, J.M. y DIESTRO FERNÁNDEZ, A. *La nueva gobernanza. La participación de la mujer en la política de la Unión Europea*, Oficina de promoción económica y empleo del excelentísimo Ayuntamiento de Salamanca, Salamanca, 2005, p. 10.

174 STC 128/1987, de 16 de julio, Fundamento Jurídico 3.

segunda, se ha tendido a corregir las discriminaciones sociales que obstaculizan a las mujeres, tanto en su desarrollo profesional y personal en condiciones de igualdad respecto de los hombres, y teniendo como objetivo conseguir la igualdad efectiva entre mujeres y hombres en la vida social, política y económica de España[175].

De esta manera, para que se lleve a cabo el mandato constitucional recogido en el artículo 9.2 de la Constitución dentro de la legalidad, es necesario que todo trato discriminatorio a favor de un grupo social más desaventajado cumpla dos requisitos, es decir, que se trate de una situación discriminatoria justificada y razonable. En el caso de la mujer, todo trato de favor de este grupo social más desfavorecido respecto del sexo masculino tiene que estar justificado en la eliminación de los obstáculos que históricamente han impedido que la mujer se desarrolle en plena igualdad respecto del hombre, y además de ser justificado, deben ser razonables las medidas que se adopten; evidentemente, unas medidas que perjudiquen al hombre y que no sean proporcionales con el objetivo principal de las mismas, no van a ser nunca lícitas.

7. REGULACIÓN NACIONAL Y SUPRANACIONAL DE LA CLÁUSULA GENERAL DE IGUALDAD

Los Tratados Internacionales suscritos por España en relación con el principio de igualdad se encuentran en las grandes Declaraciones Internacionales de Derechos. Cabe citar aquí la Declaración Universal de Derechos Humanos de 10 de diciembre de 1948 (artículos 1, 2 y 7); el Pacto Internacional de Derechos Civiles y Políticos de 19 de diciembre de 1966 (artículos 2.1° y 2°, 20.2, 26 y 27); el Pacto Internacional de Derechos Económicos, Sociales y Culturales de 19 de diciembre de 1966 (artículos2.2° y 3°); la Convención de las Naciones Unidas sobre los Derechos del Niño de20 de noviembre de 1959 (artículos 1 y 10); el Convenio Europeo para la Protección de los Derechos Humanos y de las Libertades Públicas de 4 de octubre de 1950(artículo 17); y la Carta de los Derechos fundamentales de la Unión Europea proclamada solemnemente en Niza el 7 de diciembre de 2000 (artículos 20, 21 y 23) Destaca también la Convención Internacional sobre Eliminación de

---

175 LÓPEZ LÓPEZ, J. "Los principios rectores de la LO 3/2007 sobre igualdad efectiva entre mujeres y hombres a la luz de las estrategias de Gender Mainstreaming y empowerment", *Revista del Ministerio de Trabajo e Inmigración, número extraordinario*, núm. 2, Madrid, 2007, pp. 53-67.

todas las formas de Discriminación racial de 21 de diciembre de 1965, la Declaración de la Conferencia General de Naciones Unidas para la Educación, la Ciencia y la Cultura sobre la raza y los prejuicios raciales de 27 de noviembre de 1978, la Convención sobre derechos políticos de la mujer de 20 de diciembre de 1952, la Convención sobre eliminación de todas las formas de discriminación contra la mujer de 18 de diciembre de 1979 y el Protocolo Facultativo de 6 de octubre de 1999, el Convenio sobre igualdad de remuneración de 29 de junio de 1951, el Convenio relativo a la discriminación en materia de empleo y ocupación de 25 de junio de 1958, la Convención relativa a la lucha contra las discriminaciones en la esfera de la enseñanza de 14 de diciembre de 1960,la Declaración sobre la eliminación de todas las formas de intolerancia y discriminación fundadas en religión o las convicciones de 25 de noviembre de 1981, la Declaración de la Asamblea General de Naciones Unidas sobre los derechos de las personas pertenecientes a minorías nacionales o étnicas, religiosas y lingüísticas de18 de diciembre de 1992, y el Convenio marco para la protección de las minorías nacionales hecho en Estrasburgo el 1 de febrero de 1995.

En el ámbito de la Unión Europea el reconocimiento de la igualdad ha sufrido una evolución a lo largo del tiempo. Remontándonos al origen, hay que señalar que en el Tratado de la Comunidad Económica Europea de 1957 no existía una política comunitaria en materia de igualdad, aunque sí referencias al tema, atendiendo a la finalidad de asegurar la igualdad de oportunidades para hombres y mujeres en el empleo, especialmente en las retribuciones[176]. Posteriormente, con el Tratado de la Unión Europea, en 1992, se reconocía el respeto a los Derechos fundamentales por parte de la Unión Europea, pero no se recogía ninguna mención directa al principio de igualdad. En el caso del Tratado de la Comunidad europea sí recogía de nuevo una igualdad de retribuciones manteniendo la redacción del ya citado artículo 119 del Tribunal Constitucional, y se reiteraba en el Protocolo núm. 14 Anejo al Tribunal Constitucional en lo relativo a la Política Social. No será hasta 1997, con la entrada en vigor del Tratado de Ámsterdam, cuando se introduzca el carácter transversal del principio de igualdad -todos los poderes públicos deben de tener en cuenta la igualdad entre las personas a la hora de llevar a cabo sus actividades-, y que modifica a los anteriores, consagrando tal carácter en los artículos 2 y 3[177].

---

176 Art. 119 TCCE. La Resolución de la Conferencia de los Estados Miembros de 30 de diciembre de 1961 ya abogó por la necesidad de equiparar los salarios.

177 https://www.europarl.europa.eu/about-parliament/es/in-the-past/the-parliament-and-the-treaties/treaty-of-amsterdam

En el primer año de este siglo se aprueba el Tratado de Niza de 2001, que reforma a los anteriores tratados, y que recoge que el artículo 2 del Tratado de Niza refuerza la protección de los derechos de los ciudadanos europeos y el mantenimiento y desarrollo de la Unión como un espacio de libertad, seguridad y justicia. Por lo que respecta a las previsiones del Tratado de la Comunidad Europea, sí encontrábamos una regulación específica de la igualdad entre hombres y mujeres, y se integra como uno de los objetivos de la Comunidad. Por su parte, el artículo 13 habilita al Consejo para "adoptar acciones adecuadas para luchar contra la discriminación por motivos de sexo, de origen racial o étnico, religión o convicciones, discapacidad, edad u orientación sexual"[178]. Tras la entrada en vigor del Tratado de Lisboa es el momento en el que se consigue analizar el tratamiento que tiene la igualdad en las versiones consolidadas de los Tratados de la Unión Europea y el Tratado Constitutivo de la Comunidad Europea. Así tenemos en el Tratado de la Unión Europea:

a. La igualdad como valor. Se recoge en el artículo 2 del Tratado que consagra como valores de la Unión, la igualdad, la no discriminación y la igualdad entre hombres y mujeres.

b. La igualdad como derecho. Tal consideración se recoge en el artículo 6 del TUE y reconoce los derechos, libertades y principios de la Carta de Derechos fundamentales de la Unión Europea del 7 de diciembre de 2000, otorgándole el mismo valor jurídico que los Tratados.

c. La igualdad como principio de actuación. Se consagra en el artículo 3 TUE, estableciendo expresamente que "la Unión combatirá la exclusión social y la discriminación y fomentará (...) la igualdad entre hombres y mujeres". Más adelante, en su artículo 21, se prevé que se tenga en cuenta el principio de igualdad en la acción exterior de la Unión junto al respeto de los Derechos Humanos y a la dignidad de las personas, así como la defensa de los valores e intereses europeos en las relaciones internacionales.

Por otro lado, el Tratado de Lisboa introduce novedades destacables en el Tratado de Funcionamiento de la Unión Europea, en lo que respecta a

---

178 FREIXES SANJUÁN, T. *Constitución, Tratado de Ámsterdam e igualdad entre hombres y mujeres, Consolidación de derechos y garantías: los grandes retos de los Derechos Humanos en el siglo XXI,* Seminario conmemorativo del 50 aniversario de la Declaración universal de los Derechos Humanos, Consejo General del Poder Judicial, Madrid, 1999, pp. 173-222.

la igualdad de trato, las cuestiones más relevantes se encuentran en el reconocimiento del carácter transversal que introducía el Tratado de Ámsterdam, y que daba un concepto del *Mainstreaming* de género, definido por el Consejo Económico y social de las Naciones Unidas: "Transversalizar la perspectiva de género es el proceso de valorar las implicaciones que tiene para los hombres y para las mujeres cualquier acción que se planifique, ya se trate de legislación, políticas o programas, en todas las áreas y en todos los niveles. Es una estrategia para conseguir que las preocupaciones y experiencias de las mujeres, al igual que las de los hombres, sean parte integrante en la elaboración, puesta en marcha, control y evaluación de las políticas y de los programas en todas las esferas políticas, económicas y sociales, de manera que las mujeres y los hombres puedan beneficiarse de ellos igualmente y no se perpetúe la desigualdad. El objetivo final de la integración es conseguir la igualdad de los géneros".

Así pues, se prevé que todas las acciones de la Unión, según el artículo 8 del Tratado de Funcionamiento de la Unión Europea[179], tienen como objetivo eliminar las desigualdades entre el hombre y la mujer y promover su igualdad. Finalmente, se introducen en dicho tratado disposiciones sobre la igualdad en la regulación de la política social entre cuyos objetivos se integran la mejora en las condiciones de vida, de trabajo y la equiparación de una protección social adecuada y lucha contra las exclusiones, entre otros (artículos 151-161).

Por último, el artículo 157 del TFUE establece que cada Estado Miembro deberá garantizar la igualdad de retribución para el mismo trabajo o uno de igual valor. Y se prevé que puedan adoptarse medidas para garantizar la aplicación de la igualdad y mantener la posibilidad de los Estados miembros para que puedan ofrecer ventajas concretas destinadas a facilitar al sexo menos representado el ejercicio de las actividades profesionales o a evitar o compensar desventajas en sus carreras profesionales.

En cuanto a las resoluciones de organismos internacionales y supranacionales sobre aspectos concretos de la igualdad, cabe citar, en el ámbito de la Organización de Naciones Unidas[180], tres muy destacadas: la Declaración de la Asamblea General de Naciones Unidas sobre la eliminación de todas las formas de intolerancia y discriminación fundadas en la discriminación o las convicciones de 25 de noviembre de 1981, la Declaración de la Conferencia General de las Naciones Unidas para la Educación, la Ciencia

---

179 En adelante TFUE.

180 En adelante ONU.

y la Cultura sobre la raza y los prejuicios raciales de 27 de noviembre de 1978, y la Declaración de la Asamblea General de Naciones Unidas sobre los derechos de las personas pertenecientes a minorías nacionales o étnicas, religiosas y lingüísticas de 18 de diciembre de 1992.

En el seno de la Unión Europea se han dictado multitud de normas "derivadas" de interés en la materia, como la Declaración común del Parlamento Europeo, del Consejo, de los representantes de los Estados miembros reunidos en el seno del Consejo y de la Comisión contra el racismo y la xenofobia de 11 de junio de 1986, la Directiva 2000/43/CE, que se ocupa del principio de igualdad de trato y no discriminación de las personas por motivo de su origen racial o étnico, la Directiva 2000/78/CE para la igualdad de trato en el empleo, o la Directiva 2002/73/CE relativa a la aplicación del principio de igualdad de trato entre hombres y mujeres en lo que se refiere al acceso al empleo, a la formación, y promoción profesional y a las condiciones de trabajo[181].

8. LA NATURALEZA FUNDAMENTAL DEL DERECHO A LA IGUALDAD

Para responder a la cuestión de si el Derecho a la Igualdad es o no un Derecho fundamental, merece en primer lugar destacar cómo se llega a la actual redacción del artículo 14 de la Constitución. Durante nuestro proceso constituyente no hubo mucha controversia sobre tal precepto, a pesar de las diversas ideologías políticas que estaban siendo representadas por los "padres de la Constitución".

En un primer momento, en el Anteproyecto de la Constitución dicho precepto recogía que "todos los españoles son iguales ante la ley, sin discriminación (...)", pero el senador Camilo José Cela Trulok[182] presentó una enmienda al Anteproyecto que decía que "que en ningún caso pueda prevalecer ningún tipo de discriminación" y tal enmienda dio lugar al actual artículo 14 del citado texto legal. La diferencia entre el precepto presentado en un primer momento en el Anteproyecto Constitucional y el

181 GÁLVEZ MUÑOZ, L. *Cláusula general de igualdad*, Óp. cit. p. 200-202. PICO LORENZO, C. "La Carta de los Derechos Fundamentales de la Unión Europea", *Revista Unión Europea Aranzadi*, núm. 11, Madrid, 2009.

182 CELA TRULOK, C. J. "Diario de Sesiones del Senado", *Comisión Constitucional*, núm. 43, Madrid, 1978, p. 1799.

definitivo, siguiendo a Gálvez Muñoz[183], no es meramente gramatical, sino que en la redacción final del precepto se le dota de una mayor prohibición de discriminación, reconociéndose no solo la igualdad ante la ley sino la igualdad en la ley.

Así pues, íntimamente ligado a lo anterior, tenemos las manifestaciones que el Derecho a la Igualdad presenta, que son[184] como valor superior del ordenamiento jurídico, como principio y como Derecho fundamental. Como valor superior del ordenamiento jurídico se considera, siguiendo a Figueroa Bello[185], que conforma un todo, junto con los otros valores superiores como son la libertad, el pluralismo político y la justicia. Por su parte, Suárez Pertierra[186]matiza que el Derecho a la Igualdad debe ser considerado no solo como valor superior del ordenamiento constitucional, sino como valor superior del ordenamiento jurídico del Estado español, entendiéndose además como una condición ideal de la vida social que deberá perseguirse por parte de los poderes públicos, como recoge Figueruelo Burrieza[187]. Los valores superiores del ordenamiento jurídico representan la base fundamental del sistema jurídico español, siendo los pilares fundamentales de un Estado Social, Democrático y de Derecho, observándose de esta forma la íntima relación, como señala Peces-Barba, que existe entre el Derecho y la moral, constituyendo una mezcla entre ambos[188].

La segunda dimensión sería considerar el Derecho a la Igualdad como principio constitucional consagrado en los artículos 9.2 y 14 de la Constitución Española. El principio de igualdad[189] se despliega en dos planos,

---

183 GÁLVEZ MUÑOZ, L. "Sinopsis al artículo 14 Constitución Española", *Página web del Congreso de los diputados*, Óp. cit. p. 1.

184 FREIXES SANJUÁN, T. Y REMOTTI CARBONELL, J. C. "Los valores y principios en la interpretación constitucional", *Revista Española de Derecho Constitucional*, núm. 35, Madrid, 1992, pp. 97-100.

185 FIGEROA BELLO, A. "Aproximaciones teóricas de la igualdad en la normativa constitucional española", *Revista Mexicana de Derecho Constitucional*, núm. 26, Coyoacán, 2012, p. 128.

186 SUÁREZ PERTIERRA, G. "Artículo 14, Comentarios a las Leyes Políticas. Constitución Española de 1978", *Revista de Derecho Privado*, tomo II, Madrid, 1984, pp. 277-293.

187 FIGUERUELO BURRIEZA, Á. "El discurso jurídico: la mujer en la Constitución española", en *Las mujeres en la Constitución europea*, por Ángela FIGUERUELO BURRIEZA, y Teresa LÓPEZ DE LA VIEJA, *Estudios multidisciplinares de género*, Ediciones Universidad de Salamanca-Centro de Estudios de la Mujer, Salamanca, 2005, p. 2.

188 PECES-BARBA MARTÍNEZ, G. *Los valores superiores*, Óp. cit. pp. 74-114.

189 AROZAMENA SIERRA, J. "Principio de igualdad y Derechos Fundamentales", en *El principio de igualdad en la Constitución española*, por Fernando VALDÉS DAL-RE,

como igualdad ante la ley y en la ley~~, y aunque ambos planos los vamos a ver más detenidamente en otro punto del trabajo, merece especial interés su identificación~~. El principio de igualdad ante la ley tiene su origen en el fin del Antiguo Régimen, época en la que debido a la diversidad de ordenamientos jurídicos que existían, la aplicación de las normas dependía del estamento social que se ocupara, y a cada grupo social le correspondía unos tribunales distintos. El movimiento revolucionario liberal reivindicaba la necesidad de acabar con esta desigualdad e igualar a todos los ciudadanos frente a la ley, con independencia del estamento social que ocuparan, y que las leyes se aplicaran por los mismos tribunales. Se convierte así en una de las principales reivindicaciones de los revolucionarios liberales, especialmente de los franceses, hasta el punto que su proclamación forma parte de la divisa del Estado surgido de la Revolución Francesa: "Libertad, igualdad, fraternidad".

De hecho el Tribunal Constitucional lo explica muy bien en la Sentencia 144/1988 de 12 de Julio[190], donde expone que la igualdad ante la ley exige que la misma sea aplicada por igual a todas las personas sin que pueda haber ningún caso de desigualdad atendiendo a las condiciones personales o "tratados otros con mayor rigor también en consideración a sus personas". Por su parte, la igualdad en la ley impide que se pueda configurar los supuestos de hecho de la norma de modo que se dé un trato distinto a las personas que se encuentran en la misma situación.

La última dimensión del Derecho a la Igualdad es considerarlo como un Derecho fundamental, plasmado en el artículo 14 de la Constitución Española, cuando señala "que en ningún caso puede prevalecer ningún tipo de discriminación". El Derecho a la Igualdad considerado como Derecho fundamental presenta una peculiaridad, y es la posición que este precepto ocupa en la Constitución Española, ya que se encuentra fuera de la Sección Primera del Capítulo II del Título I, donde se recogen los Derechos fundamentales[191]. Siguiendo a Espín Templado, el motivo por el que el Derecho a la Igualdad presenta esta ubicación en la Constitución es porque constituye el auténtico pórtico del Capítulo II del Título I, que recoge aquellos derechos que tienen una especial protección. Se considera que presentan una especial protección porque ostentan una rigidez a la

---

XI Jornadas de Estudio, Ministerio de Justicia, Secretaría General Técnica, Madrid, 1991, p. 420.

190 STC 144/1988, de 12 de julio, Fundamento Jurídico 1.

191 OLLERO TASSARA, A. "Relevancia constitucional de la igualdad", en *Homenaje al profesor Mariano Hurtado Bautista*, Universidad de Granada, Granada, 1989, p. 546.

hora de ser reformados, necesitando una mayoría absoluta en el Congreso y Senado y posterior disolución de las Cortes Generales, necesitando de nuevo una votación por mayoría absoluta de las nuevas Cortes, y por último un referéndum consultivo al pueblo, además de contar con un sistema de garantía reforzado, basándonos en el artículo 53.2 de la Constitución, y unas garantías para su desarrollo, como se plasma en los artículos 82 y siguientes del mismo texto legal[192].

Respecto a la pregunta que ha sido planteada, se ha respondido tanto por la doctrina -que dice que nos hallamos más que ante un Derecho fundamental o Libertad Pública, ante un valor superior del ordenamiento jurídico[193]- como por la jurisprudencia del Tribunal Constitucional[194], señalando que, "la igualdad reconocida en el artículo 14 no constituye un derecho subjetivo autónomo existente por sí mismo, pues su contenido viene establecido siempre respecto de relaciones jurídicas concretas"[195]. Se trataría de "un Derecho fundamental carente de autonomía propia en cuanto se da solo en relación con otros derechos a los que por así decirlo, modula de acuerdo con la igualdad entendida como valor y proclamada en el artículo 1.1 de nuestra Constitución[196]". Así pues, el Derecho a la Igualdad tiene que estar en relación a los demás derechos, no pudiéndose violar el Derecho a la Igualdad de forma autónoma, sino en relación con otros derechos[197].

Hay que añadir, además, que el Derecho a la Igualdad actúa como límite en la actuación de los poderes públicos, ya que, en relación con el artículo 9.3 de la Constitución Española, no pueden actuar de forma arbitraria, obligándoles el mandato constitucional a que, si crean alguna situación de discriminación, como señala Ruiz Vadillo, deba de ser justificada y razonable[198]. Sin embargo, actualmente se han creado leyes que crean desigualdades entre distintos grupos sociales, pero que se encuentra suficientemente justificado dado que la obligación de los poderes públicos es garantizar

---

192 GARCÍA MORILLO, J. "La cláusula general de igualdad", *en Derecho Constitucional,* Óp. cit. p. 181.

193 OLLERO TASSARA, A. "Relevancia constitucional de la igualdad", Óp. cit. p. 545..

194 OLLERO TASSARA, A. *Relevancia constitucional de la igualdad,* Óp. cit. p. 545.

195 STC 76/1983, de 5 de agosto, Fundamento Jurídico 2.

196 Véase el auto del TC 862/1986, de 29 de octubre.

197 ÁLVAREZ CONDE, E. *Estudios interdisciplinares sobre igualdad,* Iustel, Madrid, 2008, p. 34.

198 RUIZ VADILLO, E. *El principio de igualdad en la Constitución española,* XI Jornadas de Estudio, Madrid, Ministerio de Justicia, Secretaría General Técnica, vol. I, 1991, p. 1550.

la igualdad de las personas eliminando los obstáculos que impidan una situación de discriminación, esto es, lo que más adelante analizaremos: la acción positiva[199].

A nuestro parecer, y respondiendo a la pregunta que justifica a este apartado, nos acercamos más a la línea de que el Derecho a la Igualdad es un Derecho fundamental, no solo porque el artículo 53.2 de la Constitución Española le otorga la misma protección que a los Derechos fundamentales de los artículos 15-29, sino que además se trata, no solo de un derecho, sino de un valor superior y de un principio constitucional, lo que le hace que sea necesario otorgarle la condición de Derecho fundamental.

---

199 LAURENZO COPELLO, P. "La violencia de género en la ley integral", *Revista electrónica de ciencia penal y criminología,* núm. 54, Granada, 2005, pp. 3-10.

Capítulo V

El equilibro en la diversidad: la perspectiva de género

1. INTRODUCCIÓN

Desde los albores de la civilización, la mujer ha estado en una posición de completa subordinación al hombre. Esta dinámica, que alguna vez fue aceptada como normal en épocas pasadas, es ahora considerada inaceptable dentro de nuestra sociedad. Durante la Edad Media, por ejemplo, era común que las mujeres se encargaran del cuidado de los hijos, mientras que los hombres asumían el rol de proveedores y protectores de la familia[200].

A lo largo de la historia, esta situación de subordinación se ha manifestado de diversas formas, incluso llegando a comportamientos agresivos que, respaldados por el patriarcado y luego ratificados por las sociedades sucesivas, han dado lugar a la histórica y generalizada violencia de género, denominada bajo otros conceptos durante mucho tiempo. Sin embargo, gradualmente, las relaciones entre hombres y mujeres han ido cambiando, adaptándose a los nuevos factores económicos, sociales y políticos de cada período. Por ejemplo, en el siglo pasado, la creciente participación de las mujeres en el ámbito laboral ha alterado significativamente estas relaciones, dando origen a un espacio público del género que hoy es objeto de debates en términos de derechos y equidad[201].

Durante las últimas décadas, tanto los gobiernos como las organizaciones de la sociedad civil han dedicado esfuerzos a formular y aplicar políticas que buscan establecer un equilibrio de igualdad entre hombres y mujeres, considerando las particularidades de cada género. A pesar de estos avances, persisten obstáculos que deben superarse para alcanzar una plena igualdad de género. En este sentido, es importante entender que la

---

200 DÍEZ MINGUELA, A. *Desigualdad de Género: ¿Por qué importa la historia? (I)*,Politikon, Madrid, 2015, p. 1.

201 PAEZ CUBA, L. D. *Génesis y evolución histórica de la violencia de género, Contribuciones a las Ciencias Sociales*, Málaga, 2011, p. 5.

igualdad de género no implica que hombres y mujeres deban ser idénticos, sino que los derechos, oportunidades y recursos disponibles no estén determinados por el sexo, sino por las características individuales inherentes a cada persona[202].

2. LOS ORÍGENES DE LA DESIGUALDAD ENTRE HOMBRES Y MUJERES, Y SU EVOLUCIÓN HISTÓRICA

La desigualdad entre hombres y mujeres no es un fenómeno reciente, sino que tiene profundas raíces históricas, véase que el año 3000 a.C., las mujeres eran excluidas de la sucesión, siendo los hijos considerados únicamente como descendientes del padre. Además, en esa época, el hombre era el jefe o "patriarca", y se le permitía la infidelidad, mientras que a la mujer se le imponían restricciones estrictas y se la castigaba por comportamientos similares.

Durante los siglos V al XI, las leyes bizantinas incluso, establecían que el marido era considerado como un dios al que la mujer debía adorar. En la India, existen testimonios que indican que las viudas eran quemadas vivas junto al cadáver de sus esposos en una ceremonia conocida como Sati, una práctica que se consideraba una obligación para las esposas. Además, las mujeres estériles eran repudiadas, al igual que aquellas que solo daban a luz hijas. En algunas comunidades de Irán y Etiopía, el nacimiento de una niña se consideraba una deshonra, y el término que designaba a la mujer era sinónimo de bajeza, debilidad y desgracia.

En la Antigüedad clásica se establecieron las bases de la desigualdad de género que perduran hasta nuestros días. Durante este período, las mujeres encarceladas no recibían ningún trato favorable; por el contrario, las penas eran más severas y podían ser víctimas de agresiones sexuales por parte de los carceleros, además de ser obligadas a realizar labores de costura. Con la llegada del Derecho Romano, la capacidad legal de las mujeres se vio significativamente reducida, y algunos autores han señalado que la discriminación de las mujeres en la sociedad fue la primera forma de explotación, incluso antes que la esclavitud[203].

---

202 MARTÍNEZ MUÑOZ, J. A. "Igualdad jurídica y de género, Anuario de Derechos Humanos", *Nueva Época*, vol. 10, Madrid, 2009, p. 2.

203 PAEZ CUBA, L. D. *Génesis y evolución histórica de la violencia de género. Contribuciones a las Ciencias Sociales*, Óp. cit. p. 2.

Sin embargo, en el Antiguo Egipto y en Esparta, la mujer desempeñaba un papel importante en la sociedad y la familia. En estas culturas, tanto hombres como mujeres eran iguales ante la ley, y al contraer matrimonio, la mujer conservaba su nombre, con la adición de "esposa de X", lo cual era un acto formal para confirmar la voluntad de convivencia mutua. Además, las mujeres en estas sociedades podían ocupar cargos públicos relevantes y tenían una participación activa en la vida social y económica, especialmente notable en Esparta, donde disfrutaban de relativa libertad y autonomía, participando en actividades comerciales y literarias, entre otras[204].

Durante la época de la Revolución Francesa, surgieron movimientos que abogaban por la igualdad de género, marcando un hito importante en la lucha por los derechos de las mujeres. La aprobación de la Declaración de los Derechos del Hombre y del Ciudadano en 1789, aunque no hacía referencia explícita a la condición de la mujer ni a la esclavitud, sentó las bases para los Derechos Humanos[205]. Posteriormente, en 1791, con la proclamación de la Declaración de los Derechos de la Mujer y la Ciudadana por Olympe de Gouges, las mujeres comenzaron a ser reconocidas en la historia de los Derechos Humanos[206].

En los países no europeos[207], las leyes actuales pueden resultar impactantes, ya que muchas de ellas mantienen normativas que discriminan a las mujeres simplemente por su género. En marzo de 2006, se informó que al menos 36 países tenían leyes que perpetuaban esta discriminación. Un ejemplo de esto es un decreto suscrito por Arabia Saudita, Kuwait, Emiratos Árabes, Irán e Irak en 1990, que permite el asesinato de mujeres de la familia en casos de adulterio o deshonra, llegando incluso a contemplar la lapidación como método de ejecución.

Esta realidad evidencia que la discriminación de género sigue siendo una problemática presente en muchos países, donde en lugar de implementar políticas públicas para erradicarla, se promulgan leyes que la perpetúan.

---

204 PAEZ CUBA, L. D. *Génesis y evolución histórica de la violencia de género, Contribuciones a las Ciencias Sociales,* Óp. cit. p. 2.

205 RUIZ CARBONELL, J. "La evolución histórica de la igualdad entre hombres y mujeres en México", *Biblioteca jurídica virtual del instituto de investigaciones jurídicas de la UNAM,* México D. F. 2019, p. 1.

206 CHRISTIAN, J. *Las egipcias: retratos de las mujeres del Egipto faraónico,* Planeta De Agostini, Barcelona, 2011, pp. 84-395.

207 LÓPEZ LÓPEZ, P. Ética y Derechos Humanos para Biblioteca y archivos, Abad, Madrid, 2013, pp.43-50.

Por otro lado, los países europeos han avanzado más rápidamente en materia de igualdad de género, siendo un objetivo principal para la Comunidad Europea. Los Estados Miembros están obligados a promover la igualdad de trato y la no discriminación entre hombres y mujeres en todas las actividades, incluyendo el acceso al empleo, la formación profesional, la promoción y las condiciones laborales.[208]

En el caso específico de España, un momento crucial de avance se produjo durante la II República. La Constitución de 1931 introdujo por primera vez el principio de igualdad de género y reconoció la participación de las mujeres en la vida política. Se garantizó el derecho de voto a todos los ciudadanos, independientemente de su sexo, y se permitió que hombres y mujeres fueran elegidos como diputados. Además, se estableció la igualdad de derechos dentro del matrimonio y se eliminó el concepto de ilegitimidad para los hijos naturales. La Constitución también afirmaba la libertad de elección laboral, asegurando que todos los ciudadanos, sin distinción de sexo, fueran admitidos en el empleo. Estas disposiciones sentaron las bases para un cambio significativo en el estatus y los derechos de las mujeres en España. La principal protagonista de estos cambios fue Clara Campoamor, fiel defensora de los derechos de las mujeres, no en la calle, sino en el Congreso[209].

Tras la Guerra Civil y durante el régimen dictatorial hasta 1975, los derechos de las mujeres en España se vieron severamente limitados, experimentando un retroceso significativo. Todo lo alcanzado por las mujeres previamente quedó restringido al mínimo, incluso llegando al extremo de necesitar el permiso del esposo para poder trabajar. La mujer era considerada principalmente como un objeto de procreación y, bajo la influencia de la religión católica como religión oficial, el uso de anticonceptivos y el aborto estaban estrictamente prohibidos, excepto en casos de "honoris causa", es decir, cuando el aborto se realizaba para preservar la "honra de la mujer" o la del honor familiar.

El concepto de honor familiar estaba estrechamente ligado al control absoluto que el "cabeza de familia" ejercía sobre la sexualidad de las mu-

---

208 LAURENZO COPELLO, P. "La Violencia de Género en la Ley Integral: Valoración político-criminal", Óp.cit. p. 4.

209 ORTUBAY FUENTES, M. "Diez años de la Ley Integral contra la violencia de género: luces y sombras",http://www.cmpa.es/datos/4937/Diez_a%C3%B1os_de_la_ley_integral-_Rev.31.pdf, p. 4. Decreto 3096/1973, de 14 de septiembre, por el que se publica el Código Penal, texto refundido conforme a la Ley 44/1971, de 15 de noviembre.

jeres a su cargo, imponiendo normas estrictas sobre lo que se consideraba comportamiento honesto o deshonesto. La familia se regía por una jerarquía en la que la mujer estaba subordinada al hombre y los hijos a los padres. La revista de la Sección Femenina, liderada por Pilar Primo de Rivera, promovía la sumisión de las mujeres al hombre, sin derechos ni opiniones propias.

Hasta 1968, se castigaba con pena de destierro al marido que descubriera a su esposa en adulterio y causara lesiones graves a los adúlteros. Sin embargo, no existía un delito equivalente para la mujer en circunstancias similares. Además, hasta 1979, la infidelidad masculina no era considerada adulterio, sino amancebamiento, y solo se castigaba cuando la mujer era mantenida en el domicilio conyugal o notoriamente fuera de él. En cambio, la mujer adúltera se enfrentaba a una pena de prisión de seis años. Tradistas justificaban la diferencia en que los perjuicios que podía acarrear en el orden familiar el adulterio femenino eran mayores "pues al violar la fe conyugal introduce o se expone a introducir hijos extraños en el hogar"[210].

La entrada en vigor de la Constitución Española de 1978 marcó el inicio de una serie de cambios legislativos destinados a eliminar la desigualdad de género. Sin embargo, a pesar de estos avances, persisten vestigios significativos de esta desigualdad. Es fundamental abordar el papel de la religión y su influencia en la discriminación sexual, ya que las diferentes tradiciones religiosas han contribuido a perpetuar un sistema sociopolítico en el que el género masculino domina sobre el femenino[211].

Ciertas religiones han tenido una influencia significativa en la sociedad que ha contribuido a mantener a la mujer en una posición de subordinación, normalizando esta desigualdad. Se dice ciertas religiones, porque no todas ellas han influido de la misma manera. Los textos religiosos han sido utilizados para justificar la subordinación de las mujeres a lo largo de la historia, y su influencia ha contribuido a perpetuar la desigualdad de género en numerosas sociedades. Es importante reconocer el papel de la religión en la construcción y mantenimiento de normas de género, y trabajar hacia una interpretación más igualitaria de las enseñanzas religiosas en aras de promover la igualdad de género en todas las esferas de la sociedad.

---

210 RODRÍGUEZ DEVESA, J.M. *Derecho penal español. Parte especial*, Dykinson, Madrid, 1975, p. 175.

211 ACALE SÁNCHEZ, M. *La respuesta penal a la violencia de género. Lecciones de diez años de experiencia de una política criminal punitivista*, Comares, Granada, 2010, pp. 61-117.

En el Islam, el papel de la mujer está definido en el Sura 4, versículo 34, donde se establece que los hombres tienen autoridad sobre las mujeres debido a la preferencia que Alá ha dado a unos sobre otros, y se les instruye a amonestar y, en caso necesario, pegar a las mujeres que se consideren rebeldes. Esta interpretación, desde nuestro punto de vista, refuerza la desigualdad de género al relegar a la mujer a roles de sumisión y cuidado dentro del ámbito familiar.

Es evidente que la mayoría de las religiones tradicionales han promovido una visión patriarcal de la sociedad, donde la mujer es vista como un ser destinado principalmente a la reproducción y el cuidado del hogar. Esta influencia religiosa ha contribuido, en gran medida, a que ciertas actitudes machistas subsistas en la sociedad actual[212].

3. LA PERSPECTIVA DE GÉNERO EN EL ÁMBITO INTERNACIONAL

Se debe comenzar exponiendo cuál ha sido la evolución del término género. Dicho término ha experimentado una evolución significativa en el ámbito del Derecho, especialmente en relación con la igualdad de género y los derechos de las mujeres. Inicialmente, en el contexto legal, el término "género" solía referirse exclusivamente a la categoría gramatical de las palabras y no tenía una connotación social o jurídica específica.

Esto ha abierto la puerta a la reivindicación del estudio de grupos marginados, entre los que se encontraba la mujer. Según Sonya O. Rose[213], el feminismo desempeñó un papel crucial al estimular el interés y desarrollar enfoques analíticos sobre la historia de las mujeres. La noción de que las mujeres deberían tener las mismas oportunidades que los hombres impulsó a las investigadoras feministas a recuperar la historia silenciada de las mujeres en el pasado, a revelar las razones de su subordinación y a cuestionar la aparente exclusión de las mujeres en el relato histórico.

Sin embargo, a partir de las corrientes de pensamiento feminista que surgieron en la segunda mitad del siglo XX, el término "género" comenzó a adquirir un nuevo significado en el ámbito legal. Se reconoció que las desigualdades entre hombres y mujeres no eran simplemente biológicas,

---

212 RODRÍGUEZ DEVESA, J.M. *Derecho penal español. Parte especial*, Dykinson, Madrid, 1975, p. 175. Véase BURGOS LADRÓN DE GUEVARA, J. *La violencia de género, aspectos penales y procesales*, Comares, Sevilla, 2007, p. 108.

213 ROSE, S. *¿Qué es Historia de Género?*, Alianza Editorial, Madrid, 2012, p. 22.

sino que estaban arraigadas en estructuras sociales, culturales y políticas más amplias. En este sentido, el concepto de género se convirtió en un componente crucial para comprender y abordar las disparidades de poder y las discriminaciones basadas en el sexo[214].

En el Derecho internacional y en muchas jurisdicciones nacionales, el término “género” ha sido adoptado para referirse a las construcciones sociales, roles, comportamientos, actividades y atribuciones que una sociedad considera apropiados para hombres y mujeres. Esta comprensión amplia-da del género ha permitido que el derecho reconozca y proteja no solo los derechos de las mujeres, sino también los derechos de todas las personas, independientemente de su identidad de género.

Además, la evolución del término “género” en el Derecho ha llevado a la incorporación de enfoques de género en la legislación, las políticas públicas, los sistemas judiciales y los mecanismos de protección de Derechos Humanos. Esto ha incluido medidas para prevenir y sancionar la discriminación de género, promover la igualdad de oportunidades y derechos entre hombres y mujeres, así como reconocer y proteger los derechos de las personas LGBTQ+ y de otras identidades de género diversas.

En este periodo histórico, se promueve activamente la inclusión de una categoría de género en las investigaciones, subrayando la importancia de distinguir no solo entre diferencias biológicas, sino también sociales. Se destaca, según ciertos autores, que el género y la distinción entre sexos son principalmente constructos culturales en lugar de biológicos.

3.1. La perspectiva de género desde el prisma de la ONU

La igualdad de género, como principio fundamental y Derecho Humano, es esencial para el desarrollo sostenible y la paz mundial. Reconocer y promover los derechos de las mujeres no solo es una cuestión de justicia, sino también de eficacia económica y social. La participación equitativa de las mujeres en la sociedad conlleva beneficios tangibles, como el estímulo a la productividad y el crecimiento económico[215].

---

214 MORA BLEDA, E. *El paradigma género y mujeres en la historia del tiempo presente,* Óp. cit. p. 147.

215 Página de Naciones Unidas, véase en el siguiente enlace. http://www.un.org/es/sections/issues-depth/gender-equality/index.html. En el ámbito de América Latina y el Caribe, aunque no es un tema que se trate en este trabajo sí es cierto que en tales países la institucionalización de la desigualdad de

La perspectiva de género en la Organización de las Naciones Unidas (ONU) ha sido, desde sus albores en 1945, un pilar central de su compromiso con los Derechos Humanos y la paz mundial. Desde entonces, la ONU ha sido una voz líder en la promoción de la igualdad de género a nivel global, mediante una serie de iniciativas y la adopción de diversos instrumentos legales diseñados para avanzar hacia este objetivo crucial. El artículo 1 de su Carta fundacional ya declaraba como uno de sus propósitos, "realizar la cooperación internacional [...] en el desarrollo y estímulo del respeto a los Derechos Humanos y a las libertades fundamentales de todos, sin hacer distinción por motivos de raza, sexo, idioma o religión".

Además, el mismo año de su creación, se fundó la Comisión de la Condición Jurídica y Social de la mujer, como organismo internacional para la creación de políticas dedicadas exclusivamente a la promoción de la igualdad de género y el empoderamiento de la mujer[216], la cual se reunió por primera vez en Lake Success, Nueva York, en febrero de 1947. Una de las características más llamativas era que, los 15 representantes gubernamentales que comenzaron formando la Comisión eran mujeres[217]. Dicha Comisión contó con el apoyo de una dependencia de las Naciones Unidas, convirtiéndose más adelante en la División para el adelanto de la mujer, y que dependería de la secretaría de las Naciones Unidas.

De este modo, la Comisión establece una colaboración con organizaciones no gubernamentales reconocidas como entidades consultivas por el Consejo Económico y Social de la ONU, las cuales son invitadas a participar en las sesiones de la Comisión en calidad de observadoras.

Durante el período comprendido entre los años 1947 y 1962, la Comisión desempeñó un papel fundamental en la creación de Convenciones Internacionales diseñadas para reformar leyes discriminatorias y fomentar la concienciación mundial sobre las problemáticas que afectan a las mujeres[218].

No obstante, aunque la igualdad de sexos ha sido para la ONU, tal como se ha visto, un objetivo primordial, la inclusión de la perspectiva de género

---

género no ha sido un tema lineal, y a pesar de la creación del Plan de Acción de Beijing, todavía falta mucho por hacer..

216 Entre sus primeros logros, se encontró asegurar el uso neutro de la lengua en cuanto al género para la redacción de la Declaración Universal de Derechos Humanos.

217 Véase más en la página http://www.unwomen.org/es/csw/brief-history.

218 Véase la siguiente página para completar más sobre las distintas convenciones internacionales http://www.un.org/es/rights/overview/conventions.shtml.

en la agenda de la ONU se remonta a la Declaración Universal de Derechos Humanos de 1948, donde se sentaron las bases para el reconocimiento de la igualdad de derechos entre hombres y mujeres. Señala el artículo 1 que "todos los seres humanos nacen libres e iguales en dignidad y derechos y, dotados como están de razón y conciencia, deben comportarse fraternalmente los unos con los otros"[219]. Continúa en su artículo 2 que "toda persona tiene todos los derechos y libertades proclamados en esta Declaración, sin distinción alguna de raza, color, sexo, idioma, religión, opinión política o de cualquier otra índole, origen nacional o social, posición económica, nacimiento o cualquier otra condición". Una de las aportaciones que realizó la Comisión fue, defendiendo la supresión a las referencias "los hombres" como sinónimo de la humanidad, y logró incorporar un lenguaje nuevo y más inclusivo.

Después de esta Declaración se aprobaron otras Convenciones Internacionales creadas por la propia Comisión para la defensa de los derechos de la mujer, como fueron: La Convención sobre los Derechos Políticos de la Mujer en 1953, en el año 1957 la Convención Internacional sobre la nacionalidad de la mujer casada, y ya en el año 1962 la Convención sobre el consentimiento para el matrimonio[220]. Como se puede observar la labor de la Comisión ha sido siempre incesante.

En el año 1963 la Asamblea General de las Naciones Unidas solicitó a la propia Comisión la elaboración de una Declaración para eliminar la discriminación contra la mujer, aprobada en 1967. No obstante, no sería hasta la década de 1970 cuando la cuestión de género comenzó a recibir una atención más amplia dentro de la organización, catalizada por la conmemoración del Año Internacional de la Mujer en 1975.

Posteriormente, se proclamó el Decenio de las Naciones Unidas para la Mujer, que abarcó los años 1976-1985, marcando así un periodo dedicado específicamente a abordar las cuestiones relacionadas con los derechos y el empoderamiento de las mujeres a nivel global. En consonancia con esta iniciativa, se estableció el Fondo de contribuciones voluntarias para el decenio, destinado a financiar proyectos y programas dirigidos a mejorar la situación de las mujeres en diversas áreas.

Durante este ciclo, se llevaron a cabo importantes dos conferencias mundiales sobre la mujer en Copenhague (1980) y Nairobi (1985), las cuales sirvieron como plataformas para el intercambio de ideas, la iden-

---

219 Artículo 1 de la Declaración Universal de los Derechos Humanos.

220 Véase http://www.unwomen.org/es/csw/brief-history.

tificación de desafíos y la formulación de estrategias para avanzar hacia la igualdad de género. Además, en este contexto, se crearon nuevas oficinas especializadas de las Naciones Unidas enfocadas en cuestiones de género, entre las que destacan el Fondo de Desarrollo de las Naciones Unidas para la Mujer (UNIFEM) y el Instituto Internacional de Investigaciones y Capacitación para la Promoción de la Mujer (INSTRAW).

La adopción en 1979 de la Convención sobre la Eliminación de Todas las Formas de Discriminación contra la Mujer (CEDAW) representó un hito crucial en los esfuerzos de la ONU para promover la igualdad de género a nivel legal internacional. Esta convención, que establece una definición amplia de discriminación contra las mujeres y obliga a los Estados parte a tomar medidas para eliminarla en todas sus formas, sigue siendo uno de los pilares fundamentales en la protección de los derechos de las mujeres en todo el mundo.

En 1980 se llevó a cabo la citada anteriormente, Segunda Conferencia Mundial sobre la Mujer en Copenhague, un evento de suma importancia en la promoción de los derechos y el empoderamiento de las mujeres a nivel internacional. El Programa de Acción resultante de esta conferencia instó a los Estados a adoptar medidas nacionales más rigurosas para garantizar que las mujeres tuvieran pleno acceso y control sobre la propiedad, así como los mismos derechos que los hombres en materia de herencia, custodia de hijos y preservación de la nacionalidad. Estas medidas fueron consideradas esenciales para promover la igualdad de género y combatir la discriminación arraigada en las estructuras legales y sociales.

Cinco años más tarde, concretamente en 1985, tuvo lugar la Conferencia Mundial para el Examen y la Evaluación de los Logros del Decenio de las Naciones Unidas para la Mujer: Igualdad, Desarrollo y Paz, en Nairobi. Este evento marcó un hito significativo en la lucha por la igualdad de género a nivel mundial. La conferencia se convocó en un momento en el que el movimiento por la igualdad de género finalmente había ganado un reconocimiento global más amplio, y se caracterizó por la participación activa de más de 15,000 representantes de organizaciones no gubernamentales (ONG) en un Foro de ONG paralelo.

En 1987, la Comisión asumió un papel crucial al liderar las labores de coordinación y promoción del trabajo del sistema de las Naciones Unidas en los asuntos económicos y sociales relacionados con el empoderamiento de la mujer. Durante este mismo período, la Comisión puso en relieve, por primera vez, el problema de la violencia contra las mujeres en el escenario internacional. Esta acción contribuyó a que el tema de la violencia de género ocupara un lugar destacado en los debates internacionales sobre Derechos Humanos y justicia social.

Como resultado de estos esfuerzos, el 20 de diciembre de 1993, la Asamblea General de las Naciones Unidas aprobó la Declaración sobre la eliminación de la violencia contra la mujer. Esta declaración representó un hito significativo al proporcionar una definición clara y completa de la violencia contra las mujeres, así como una formulación precisa de los derechos que deben garantizarse para lograr su eliminación en todas sus formas. Esta Declaración reflejó un compromiso sólido por parte de los Estados y de la comunidad internacional en su conjunto para asumir responsabilidades y tomar medidas concretas para abordar y erradicar la violencia contra las mujeres.

Además, en 1994, la Comisión de Derechos Humanos nombró a una relatora especial sobre la violencia contra la mujer, otorgándole el mandato de investigar e informar sobre todos los aspectos relacionados con este fenómeno. Este nombramiento reafirmó el compromiso de las Naciones Unidas en la lucha contra la violencia de género y en la defensa de los Derechos Humanos de las mujeres en todo el mundo. En conjunto, estas acciones representaron pasos significativos hacia el reconocimiento y la erradicación de la violencia contra las mujeres a nivel global.

Un año más tarde se llevó a cabo la Cuarta Conferencia Mundial sobre la Mujer, un evento crucial para la promoción de la igualdad de género a nivel mundial. Durante esta conferencia, se aprobó la Declaración y Plataforma de Acción de Beijing, la cual estableció un plan de acción integral para promover la igualdad de género en doce áreas críticas, incluyendo el acceso a la educación, la participación política y el acceso a los recursos económicos.

Tras la conclusión de la Conferencia, la Asamblea General de las Naciones Unidas otorgó a la Comisión el mandato de desempeñar un papel central en la supervisión y la aplicación de la Declaración y la Plataforma de Acción de Beijing. En este sentido, se le encomendó a la Comisión asesorar al Consejo Económico y Social de la ONU sobre las medidas necesarias para implementar las políticas y programas delineados en Beijing.

En respuesta a las demandas y recomendaciones de la Plataforma de Acción de Beijing, se estableció una nueva oficina de las Naciones Unidas dedicada específicamente a promover la igualdad de género: la Oficina del Asesor Especial en Cuestiones de Género y Adelanto de la Mujer. Esta oficina fue creada con el propósito de coordinar y promover los esfuerzos de las Naciones Unidas en materia de igualdad de género, así como de proporcionar orientación y apoyo técnico a los Estados miembros en la implementación de políticas y programas destinados a promover los derechos de las mujeres y las niñas en todo el mundo.

En 1999, se instauró el Protocolo Facultativo de la Convención sobre la Eliminación de Todas las Formas de Discriminación contra la Mujer (CEDAW), un importante instrumento legal que permitió a las mujeres presentar denuncias individuales ante el Comité para la Eliminación de la Discriminación contra la Mujer (CEDAW) cuando son víctimas de discriminación. Este protocolo fortaleció aún más el marco legal internacional para la protección de los derechos de las mujeres y la promoción de la igualdad de género.

En la 23ª sesión especial de la Asamblea General de las Naciones Unidas, que tuvo lugar del 5 al 9 de junio de 2000 bajo el lema "Mujeres 2000: Igualdad de género, desarrollo y paz para el siglo veintiuno", se emitió una declaración política y un documento de resultados titulado "Nuevas medidas e iniciativas para la aplicación de la Declaración y la Plataforma de Acción de Beijing". En este evento, se reafirmaron los derechos y libertades fundamentales de las mujeres y las niñas, así como se reconoció la persistencia de la injusta discriminación de género en casi todas las sociedades. La Conferencia se destacó por su enfoque en la acción, con los países participantes comprometiéndose unánimemente a implementar un programa global comprehensivo para mejorar la condición de las mujeres en beneficio de la comunidad en su conjunto.

En 2005, los Estados miembros de las Naciones Unidas llevaron a cabo una evaluación de los progresos realizados en la implementación de la Declaración y la Plataforma de Acción de Beijing en la 49ª sesión de la Comisión de la Condición Jurídica y Social de la Mujer. En este contexto, se presentó un informe del Secretario General sobre la evaluación de la aplicación de la Plataforma de Acción de Beijing, junto con los resultados de la sesión especial de la Asamblea General titulada "Mujeres 2000: Igualdad de género, desarrollo y paz para el siglo veintiuno" (E/CN.6/2005/2). Estos documentos abordaron los doce ámbitos fundamentales de interés, así como las cuestiones emergentes definidas en la 23ª sesión especial de la Asamblea General.

En un hito significativo, el 2 de julio de 2010, la Asamblea General de las Naciones Unidas votó de forma unánime la creación de un único organismo dedicado a acelerar el progreso en materia de igualdad de género y empoderamiento de las mujeres: ONU Mujeres. Esta entidad resultó de la fusión de cuatro instituciones y organismos internacionales, incluyendo el

Fondo de Desarrollo de las Naciones Unidas para la Mujer (UNIFEM), la División para el Adelanto de la Mujer (DAM), la Oficina del Asesor Especial en Cuestiones de Género y el Instituto Internacional de Investigaciones y Capacitación para la Promoción de la Mujer.

Posteriormente, el 20 de diciembre de 2012, la Asamblea General adoptó una resolución sobre el seguimiento de la cuarta Conferencia Mundial sobre la Mujer y la plena aplicación de la Declaración y Plataforma de Acción de Beijing, así como los resultados del vigésimo tercer período extraordinario de sesiones de la Asamblea.

Actualmente, las Naciones Unidas están enfocadas en los 17 Objetivos de Desarrollo Sostenible (ODS), en los cuales las mujeres desempeñan un papel fundamental. El Objetivo 5 de los ODS busca lograr la igualdad de género y empoderar a todas las mujeres y niñas, reconociendo la necesidad de cambios profundos a nivel jurídico y legislativo para garantizar los derechos de las mujeres en todo el mundo.

A pesar de los esfuerzos de las Naciones Unidas, persisten numerosas desigualdades de género en todo el mundo. Por ejemplo, en agosto de 2015, solo el 22% de todos los parlamentarios nacionales eran mujeres, aunque esto representaba un ligero aumento con respecto al 11.3% de 1995. Sin embargo, la ONU continúa trabajando incansablemente para lograr la igualdad y eliminar todas las formas de violencia contra las mujeres.

En este sentido, la Unión Europea y las Naciones Unidas lanzaron la Iniciativa Spotlight en septiembre de 2017, una asociación conjunta para erradicar la violencia contra las mujeres y las niñas en todo el mundo. Esta iniciativa tiene como objetivo movilizar el compromiso político y financiero necesario para alcanzar los Objetivos de Desarrollo Sostenible, especialmente el Objetivo 5 sobre igualdad de género y el Objetivo 16 sobre sociedades pacíficas e inclusivas. La Iniciativa Spotlight busca abordar las formas más prevalentes de violencia contra las mujeres y las niñas, que contribuyen significativamente a la desigualdad de género a nivel mundial[221].

En definitiva, es fundamental continuar con los esfuerzos coordinados a nivel internacional para garantizar que todas las mujeres y niñas puedan disfrutar plenamente de sus Derechos Humanos y contribuir de manera equitativa al desarrollo y la paz global.

---

221 D'SOUZA, A. *Camino del trabajo decente para el personal de servicio doméstico: panorama de la labor OIT,* Oficina Internacional de Trabajo, Ginebra, 2010, pp. 27-41.

3.2. La perspectiva de género desde el prisma de la OIT

La Organización Internacional del Trabajo (OIT), siendo una agencia "tripartita" de las Naciones Unidas, congrega a representantes de gobiernos, empleadores y trabajadores de 187 Estados miembros. Su propósito es establecer estándares laborales, desarrollar políticas y programas que promuevan el trabajo decente para todos, independientemente del género. Sus principales objetivos incluyen la promoción de los derechos laborales, la creación de oportunidades para empleo digno, la mejora de la protección social y la facilitación del diálogo sobre cuestiones laborales.

Específicamente en cuanto a la igualdad de género, la OIT se ha comprometido a fomentar la igualdad de oportunidades entre hombres y mujeres en el acceso a empleos bien remunerados, productivos y realizados en condiciones de libertad, equidad, seguridad y dignidad humana. Reconoce que la igualdad de género es fundamental para alcanzar sus objetivos estratégicos, que incluyen la promoción y cumplimiento de normas laborales, la generación de oportunidades de empleo e ingresos dignos para ambos sexos, y la mejora de la cobertura y eficacia de la seguridad social para todos, fortaleciendo el tripartismo y el diálogo social[222].

Desde sus inicios, la OIT ha adoptado una serie de instrumentos legales y políticas destinadas a promover la igualdad de género en el ámbito laboral. En 1944, durante la vigésima sexta reunión de la Organización Internacional del Trabajo (OIT) en Filadelfia, se adoptó la Declaración de Filadelfia, también conocida como la Declaración relativa a los fines y objetivos de la OIT. En este documento, la Conferencia reafirmó que uno de sus principios fundamentales es la lucha contra la necesidad, la cual debe ser continuada con vigor tanto a nivel nacional como internacional. Se enfatizó la importancia de un esfuerzo concertado e ininterrumpido, en el cual los representantes de los trabajadores y de los empleadores participen en igualdad de condiciones con los representantes gubernamentales, contribuyendo así en discusiones libres y en la toma de decisiones democráticas para promover el bienestar común.

La Declaración de Filadelfia también estableció que todos los seres humanos, sin importar su raza, credo o sexo, tienen el Derecho fundamental de buscar su bienestar material y su desarrollo espiritual en condiciones de libertad, dignidad y seguridad económica, así como en igualdad de opor-

---

222 Véase en la página web de la OIT https://www.ilo.org/gender/Aboutus/ILOandgenderequality/lang--es/index.htm.

tunidades. Este documento refleja el compromiso de la OIT con la promoción de un entorno laboral justo y equitativo, donde se garantice el respeto a los Derechos Humanos y se promueva el progreso social para todos.

A partir de ese momento, se comienza a establecer un marco normativo internacional más sólido en materia de igualdad de género en el ámbito laboral. En 1951, se adopta el Convenio sobre la Igualdad de Remuneración, el cual se centra en asegurar la igualdad de remuneración entre hombres y mujeres por un trabajo de igual valor. Este convenio destaca en su artículo 2 la obligación de los Estados miembros de promover y garantizar, utilizando métodos adaptados a los sistemas existentes de fijación de salarios, la aplicación del principio de igualdad de remuneración entre hombres y mujeres por un trabajo de igual valor. Así mismo, representa un paso significativo hacia la eliminación de la discriminación salarial basada en el género y establece un estándar internacional para garantizar la equidad salarial en el lugar de trabajo[223].

Por su parte, el Convenio sobre la Discriminación en materia de Empleo y Ocupación, adoptado unos años después, es otro hito importante en la promoción de la igualdad de oportunidades y de trato en el ámbito laboral a nivel internacional. Este convenio, basado en los principios establecidos en la Declaración de Filadelfia, establece la obligación de los Estados miembros de formular y llevar a cabo políticas nacionales que promuevan la igualdad de oportunidades y de trato en materia de empleo y ocupación.

Tiene como objetivo eliminar cualquier forma de discriminación en el ámbito laboral y garantizar que todos los individuos tengan igualdad de oportunidades para acceder al empleo y para desarrollarse profesionalmente, independientemente de su género u otras características protegidas. Además, insta a los Estados miembros a adoptar medidas adecuadas a las condiciones y prácticas nacionales para lograr estos objetivos, lo que reconoce la diversidad de contextos en los que se aplican las políticas laborales en todo el mundo.

Al igual que el Convenio sobre la Igualdad de Remuneración, este Convenio representa un compromiso significativo de la comunidad internacional para abordar la discriminación en el lugar de trabajo y promover la

---

[223] Convenio relativo a la igualdad de remuneración entre la mano de obra masculina y la mano de obra femenina por un trabajo de igual valor (Entrada en vigor: 23 mayo 1953) Adopción: Ginebra, 34ª reunión CIT (29 junio 1951), Estatus: Instrumento actualizado (Convenios Fundamentales).El Convenio puede ser denunciado: 23 mayo 2023-23 mayo 2024.

igualdad de oportunidades laborales para todos los trabajadores, independientemente de su género u otras características personales.

Otro Instrumento Internacional adoptado por la OIT, es el Convenio sobre la Igualdad de Oportunidades y de Trato entre Trabajadores y Trabajadoras con Responsabilidades Familiares, adoptado en 1983, que marca un avance significativo en el reconocimiento y la protección de los derechos de los trabajadores y trabajadoras con responsabilidades familiares en el ámbito laboral. En él se reconoce la necesidad de establecer una igualdad efectiva de oportunidades y trato entre los trabajadores de ambos sexos que tienen responsabilidades familiares y aquellos que no las tienen. Reconoce que las personas con responsabilidades familiares deben poder ejercer su derecho al empleo sin sufrir discriminación y sin que sus responsabilidades familiares entren en conflicto con sus responsabilidades laborales.

Entre los objetivos de este Convenio, se incluye la promoción de medidas que permitan a los trabajadores con responsabilidades familiares elegir libremente su empleo, así como tener en cuenta sus necesidades en cuanto a las condiciones de empleo y la seguridad social. Estas medidas deben ser compatibles con las condiciones y posibilidades nacionales, reconociendo la diversidad de contextos en los que se aplican las políticas laborales en todo el mundo[224].

En 1999, el Director General de la Organización Internacional del Trabajo (OIT) hizo un llamamiento para adoptar medidas que fortalecieran la igualdad de género tanto a nivel personal como en la estructura misma de la OIT. En una circular emitida, se delineó la política de la OIT en materia de igualdad de género y reincorporación de consideraciones de género, complementando una circular previa sobre igualdad de oportunidades y trato para las mujeres en la Oficina Internacional del Trabajo.

En esta circular se reconocía el compromiso de la OIT con los Derechos Humanos fundamentales y la justicia social, destacando la importancia de desempeñar un papel destacado en los esfuerzos internacionales para pro-

---

224 C156: Convenio sobre los trabajadores con responsabilidades familiares, 1981 (núm. 156).
Convenio sobre la igualdad de oportunidades y de trato entre trabajadores y trabajadoras: trabajadores con responsabilidades familiares (Entrada en vigor: 11 agosto 1983). BOIVIN, I. y ODERO DE DIOS, A. La *Comisión de Expertos de la OIT y el progreso de las legislaciones nacionales, Revista internacional del trabajo,* vol. 125, núm. 3, Madrid, 2006, pp. 233-248.

mover la igualdad de género. Tras la adopción de la plataforma de acción en la Cuarta Conferencia Mundial sobre la Mujer en Pekín en 1995, la OIT intensificó sus actividades para institucionalizar consideraciones de género en todos los niveles, tanto dentro como fuera de la organización.

El Director General se comprometió a intensificar estos esfuerzos y plasmarlos en políticas y programas concretos. Se propuso llevar a cabo una acción simultánea en tres frentes: personal, sustancia y estructura, con el objetivo de maximizar los efectos y aprovechar de manera óptima los recursos invertidos. Esta acción buscaba reforzar mutuamente la igualdad de género en todos los aspectos de la OIT[225].

En el año 2002, entra en vigor el Convenio relativo a la revisión del Convenio sobre la protección de la maternidad, donde se reconoce la necesidad de revisar tanto el Convenio sobre la protección de la maternidad como la Recomendación sobre la protección de la maternidad. El objetivo principal de esta revisión es continuar promoviendo la igualdad de todas las mujeres trabajadoras y garantizar la salud y seguridad tanto de la madre como del niño.

El Convenio subraya la importancia de reconocer la diversidad en el desarrollo económico y social de los Estados miembros, así como la variabilidad en las prácticas y legislaciones nacionales relacionadas con la protección de la maternidad en el ámbito laboral. En este contexto, se establece que cada Estado miembro, en consulta con las organizaciones representativas de empleadores y trabajadores, debe adoptar medidas necesarias para asegurar que las mujeres embarazadas o lactantes no sean obligadas a realizar trabajos que hayan sido determinados como perjudiciales para su salud o la de su hijo por la autoridad competente, o que hayan sido evaluados como que conllevan un riesgo significativo para la salud de la madre o del hijo.

Efectivamente, la Organización Internacional del Trabajo (OIT) ha desempeñado un papel crucial, al igual que la ONU, en la promoción y consolidación de la perspectiva de género en el ámbito laboral a lo largo de los años. Esta evolución se ha manifestado a través de una serie de acciones y medidas destinadas a fortalecer la igualdad de oportunidades y el trato equitativo entre hombres y mujeres en el mundo laboral.

La OIT también ha llevado, y lleva a cabo, actividades de investigación, capacitación y asistencia técnica para apoyar a los países en la promoción

---

[225] Circular 564 del Director General.

de la igualdad de género en el ámbito laboral. Esto incluye la recopilación de datos desglosados por género para monitorear las brechas de género en el empleo y otras áreas relacionadas con el trabajo.

Por consiguiente, la perspectiva de género en la OIT es un componente integral de su enfoque hacia el trabajo decente y la justicia social, y se refleja en sus normas, políticas y actividades en todo el mundo.

3.3. La perspectiva de género desde el prisma de la Unión Europea

3.3.1. Introducción

La perspectiva de género en el Derecho de la Unión Europea (UE) se refiere a la integración de la igualdad de género y la consideración de las diferencias entre mujeres y hombres en todas las políticas, leyes y procedimientos, con el objetivo de promover la igualdad de trato y oportunidades. Este enfoque se ha ido incorporando progresivamente en el acervo jurídico y las políticas de la UE, reflejando un compromiso continuo con los derechos de las mujeres y la igualdad de género.

La base de la perspectiva de género en el Derecho de la UE se encuentra en los Tratados Fundacionales, incluido el Tratado de Funcionamiento de la Unión Europea (TFUE), que establece en su artículo 8 que, en todas sus actividades, la Unión se esforzará por eliminar las desigualdades y promover la igualdad entre hombres y mujeres. Además, la Carta de Derechos fundamentales de la Unión Europea proclama la igualdad entre mujeres y hombres como un Derecho fundamental.

Desde sus inicios, la UE ha reconocido la importancia de abordar las desigualdades de género como parte fundamental de su agenda de Derechos Humanos y desarrollo social. Aquí se va a analizar la perspectiva de género en el contexto de la Unión Europea, destacando los principios, políticas y medidas adoptadas para promover la igualdad de género y combatir la discriminación.

El Parlamento Europeo ha sido un firme defensor de la igualdad entre hombres y mujeres. Inicialmente, en el Tratado de la Comunidad Económica Europea de 1957, no existía una política comunitaria específica sobre igualdad. Sin embargo, este principio fue introducido por primera vez por la Comunidad Europea en el artículo 141 (antiguo artículo 119) del Tratado de Roma, que requería la "igualdad de remuneración entre hombres y mujeres por un trabajo igual". Aunque esta disposición tenía un alcance limitado en un principio, evolucionó gradualmente a partir de 1975, dando lugar a una serie de instrumentos comunitarios que han ampliado y desarrollado este principio fundamental del Derecho comunitario[226].

3.3.2. Normativa europea más importante

El Derecho de la Unión ha abordado la perspectiva de género como un elemento esencial y transversal en su desarrollo normativo y jurisprudencial, reflejando un compromiso inquebrantable con la promoción de la igualdad entre mujeres y hombres. Este compromiso se ha manifestado a través de varias fases, comenzando con el principio de igualdad de remuneración para trabajo igual o de igual valor, establecido inicialmente en el Tratado de Roma de 1957, tal como se ha dicho.

El desarrollo legislativo ha ido de la mano con un cambio en la percepción social sobre la igualdad de género, pasando de un enfoque centrado exclusivamente en el empleo y la remuneración a una comprensión más amplia que incluye la violencia de género, la conciliación de la vida laboral y familiar, y la participación equitativa en la toma de decisiones, lo que se plasma en un gran número de legislación específica adoptada por la Unión Europea a lo largo de los años.

Se destaca la Directiva 75/117/CEE del Consejo sobre igualdad de retribución y la Directiva 76/207/CEE sobre igualdad de trato en el empleo y la formación son ejemplos tempranos de cómo la UE ha buscado concretar el principio de igualdad de género en medidas legislativas específicas[227].

---

[226] Actualmente queda contemplado en el artículo 157 del Tratado de Funcionamiento de la Unión Europea (TFUE): 1. Cada Estado miembro garantizará la aplicación del principio de igualdad de retribución entre trabajadores y trabajadoras para un mismo trabajo o para un trabajo de igual valor. La igualdad de retribución, sin discriminación por razón de sexo, significa: que la retribución establecida para un mismo trabajo remunerado por unidad de obra realizada se fija sobre la base de una misma unidad de medida; que la retribución establecida para un trabajo remunerado por unidad de tiempo es igual para un mismo puesto de trabajo. Además, el artículo 19 del TFUE contempla la posibilidad de adoptar legislación para luchar contra todas las formas de discriminación, también por motivos de sexo. La legislación dirigida a luchar contra la trata de seres humanos, en especial de mujeres y niños, se ha adoptado sobre la base de los artículos 79 y 83 del TFUE, y el programa «Derechos, Igualdad y Ciudadanía» financia, entre otras, aquellas medidas que contribuyen a la erradicación de la violencia contra las mujeres basándose en el artículo 168 del TFUE.

[227] Directiva 75/117/CEE del Consejo, de 10 de febrero de 1975, relativa a la aproximación de las legislaciones de los Estados Miembros que se refieren a la aplica-

Con la Directiva 86/378/CEE del Consejo, de 24 de julio de 1986, relativa a la aplicación del principio de igualdad de trato entre hombres y mujeres en los regímenes profesionales de seguridad social[228] (modificada por la Directiva 96/97/CE, de 20 de diciembre de 1996), se aborda el problema de la desigualdad en los regímenes profesionales de la seguridad social y aplica el principio de igualdad a tal ámbito.

En ese mismo año, se recoge la Directiva 86/613/CEE del Consejo, de 11 de diciembre de 1986, relativa a la aplicación del principio de igualdad de trato entre hombres y mujeres que ejerzan una actividad autónoma, incluidas las actividades agrícolas, así como sobre la protección de la maternidad, que aplica el principio de igualdad de trato entre hombres y mujeres que ejercen una actividad autónoma, incluidas las actividades agrícolas[229].

Fue en 1992 cuando la Unión Europea dio un paso significativo hacia la protección de las trabajadoras embarazadas, que han dado a luz o se encuentran en período de lactancia, mediante la adopción de la Directiva 92/85/CEE. Esta Directiva se inspiró en los principios establecidos en la Carta Comunitaria de los Derechos Sociales Fundamentales de los Trabajadores, aprobada en diciembre de 1989 por el Consejo Europeo en Estrasburgo. El documento enfatizaba la necesidad de que todos los trabajadores disfrutasen de un entorno laboral seguro y saludable, instando a la adopción de medidas para armonizar y mejorar las condiciones de trabajo existentes. En este contexto, la Comisión Europea identificó como uno de sus objetivos prioritarios la elaboración de una Directiva específica que se centrara en la seguridad y salud en el trabajo de las mujeres embarazadas, subrayando la importancia de una protección especial en estas circunstancias para asegurar su bienestar y el de sus hijos.

---

ción del principio de igualdad de retribución entre los trabajadores masculinos y femeninos.

228 Directiva 86/378/CEE del Consejo de 24 de julio de 1986 relativa a la aplicación del principio de igualdad de trato entre hombres y mujeres en los regímenes profesionales de seguridad social, modificada por Directiva 96/97/CE del Consejo de 20 de diciembre de 1996 por la que se modifica la Directiva 86/378/CEE relativa a la aplicación del principio de igualdad de trato entre hombres y mujeres en los regímenes profesionales de seguridad social.

229 Directiva 2010/41/UE del Parlamento Europeo y del Consejo, de 7 de julio de 2010, sobre la aplicación del principio de igualdad de trato entre hombres y mujeres que ejercen una actividad autónoma, y por la que se deroga la Directiva 86/613/CEE del Consejo.

En respuesta al creciente papel de las mujeres en el mercado laboral, el Consejo de la Unión Europea implementó la Directiva 96/34/CE el 3 de junio de 1996. Esta normativa, basada en un acuerdo marco entre la UNICE, el CEEP y la CES, tenía como objetivo principal facilitar la conciliación entre la vida laboral y familiar. Significativamente, esta Directiva marcó la primera vez que un acuerdo marco negociado por los representantes sociales a nivel de la UE se transpuso en una Directiva europea. Un año después, se extendió su aplicación al Reino Unido de Gran Bretaña e Irlanda del Norte, reforzando así el marco para el permiso parental en toda la Unión, subrayando la importancia de equilibrar las responsabilidades profesionales y familiares.

En el ámbito procesal, la Unión Europea dio un impulso más y llevó a cabo la promulgación de la Directiva 97/80/CE del Consejo, el 15 de diciembre de 1997, que aborda específicamente la cuestión de la carga de la prueba en situaciones de discriminación por razón de sexo. Esta Directiva innovó al trasladar la carga de la prueba a los empleadores acusados de discriminación laboral, obligándoles a demostrar que no se ha infringido el principio de igualdad de trato.

De manera complementaria, ese mismo año se introdujo la Directiva 97/81/CE, relacionada con el Acuerdo marco sobre el trabajo a tiempo parcial, firmado también por la UNICE, el CEEP y la CES. Este acuerdo tuvo como propósito facilitar la conciliación entre la vida laboral y familiar, reforzando la aplicación de acuerdos marco a nivel de la comunidad en un esfuerzo por crear entornos laborales más flexibles y equitativos.

Se llega así a la aprobación del Tratado de Ámsterdam que fue firmado el 2 de octubre de 1997 y entró en vigor el 1 de mayo de 1999. Este tratado modificó los Tratados de la Unión Europea, incluyendo el Tratado de la Comunidad Europea (anteriormente conocido como el Tratado de Roma) y el Tratado de la Unión Europea (Tratado de Maastricht), con el objetivo de reformar las instituciones de la Unión Europea para mejorar su eficiencia y aumentar la transparencia, y para preparar la Unión para futuras ampliaciones.

En lo relativo a la perspectiva de género, este Tratado marcó un punto de inflexión al integrar de manera más explícita la igualdad de género en los objetivos y políticas de la UE, introduciendo el enfoque de integración de la perspectiva de género (*Gender mainstreaming*) en todas las políticas comunitarias. Este enfoque se reforzó con la adopción de la Carta de los Derechos fundamentales de la Unión Europea y el Tratado de Lisboa, que consolidaron la igualdad de género como un valor y un objetivo fundamental de la UE.

El artículo 2 del Tratado consagra la promoción de la igualdad entre hombres y mujeres como una misión esencial de la Comunidad, destacando el papel de la igualdad de género en el fundamento de la Unión. Por su parte, el artículo 3 apartado 2, específicamente se compromete a eliminar las desigualdades de género y a fomentar la igualdad en todas las acciones, estrategias y objetivos de la Comunidad, lo que evidencia el enfoque integrado de la perspectiva de género en todas las políticas de la UE.

Importante es el artículo 141, que no solo reitera el principio de igualdad de retribución para trabajos de igual valor, sino que también establece un marco jurídico para promover la igualdad de oportunidades y trato en el empleo y la ocupación, aplicando medidas específicas a través del procedimiento de codecisión. Este artículo permite además la adopción de medidas proactivas para apoyar al género menos representado en el ámbito profesional, reconociendo la necesidad de acciones concretas para corregir desequilibrios y promover una participación equitativa en el mercado laboral.

El Tratado de Ámsterdam también otorga una base explícita para combatir la discriminación por razón de sexo, entre otras formas de discriminación, a través del artículo 13, marcando un precedente en la legislación europea para abordar y erradicar la discriminación en diversas formas.

A nivel institucional, el Parlamento Europeo ha jugado un papel crucial como defensor de la igualdad de género, impulsando la adopción de legislación progresista y la aplicación efectiva de las políticas de igualdad de género. La creación del Instituto Europeo de la Igualdad de Género y la adopción de programas de acción comunitaria, como el Programa Daphne para combatir la violencia contra las mujeres y los niños, son ejemplos de cómo la UE ha buscado no solo abordar la discriminación, sino también promover activamente la igualdad de género en sus Estados miembros y más allá.

En 2002, el Parlamento Europeo y el Consejo tomaron una decisión crucial al adoptar la Directiva 2002/73/CE, que entró en vigor el 5 de octubre de 2005. Esta Directiva modificó la Directiva 76/207/CEE, ampliando y reforzando el principio de igualdad de trato entre hombres y mujeres en el acceso al empleo, la formación y la promoción profesionales, así como en las condiciones de trabajo. Este cambio legislativo subrayó la importancia de abordar la igualdad de género de manera integral en el ámbito laboral, asegurando una base más sólida para la igualdad de oportunidades.

Además, en 2004, se adoptó el Reglamento (CE) n° 806/2004, fue la piedra angular en la promoción de la igualdad de género dentro de la política de cooperación para el desarrollo de la UE. Basado en el artículo 179 del Tratado CE, este Reglamento tenía como objetivo incorporar la perspectiva de género en todas las políticas de desarrollo, evidenciando el compromiso de la UE con la igualdad de género más allá de sus fronteras. Este enfoque integral refleja la comprensión de que la igualdad de género es fundamental para el desarrollo sostenible y justo.

La consulta al Parlamento Europeo para la adopción de una Directiva del Consejo que se enfocara en la igualdad de trato entre hombres y mujeres en el acceso a bienes y servicios subrayó la intención de la UE de expandir la aplicación del principio de igualdad de género a todas las áreas de la vida social y económica. Esta expansión legislativa y reguladora, junto con la implementación de programas de acción plurianual, demuestra un esfuerzo concertado para no solo abogar por la igualdad de género en teoría sino también implementarla de manera efectiva en la práctica, reconociendo la necesidad de medidas concretas y sostenidas para cerrar la brecha de género.

El Tratado de Niza, que entró en vigor el 1 de febrero de 2003, marcó un avance en la consolidación del principio de igualdad de género en la Unión Europea, aunque su enfoque principal no se centraba explícitamente en este aspecto. La modificación significativa que introdujo fue en el artículo 13 del Tratado CE, permitiendo al Consejo utilizar el procedimiento de codecisión para adoptar medidas que combatan la discriminación, incluida la discriminación por razón de sexo. Esta disposición allanó el camino para la adopción de la Decisión n° 848/2004/CE, estableciendo un programa de acción comunitario enfocado en la promoción de la igualdad de género a nivel europeo.

En 2006, la Directiva 2006/54/CE representó un avance significativo al actualizar y consolidar legislaciones previas en materia de igualdad de género en el empleo y la ocupación. Esta Directiva abordó de manera integral la discriminación directa e indirecta, el acoso y el acoso sexual, además de instar a la adopción de medidas preventivas contra el acoso sexual en el lugar de trabajo. La creación de entidades dedicadas a promover la igualdad de trato entre mujeres y hombres en los Estados miembros enfatizó el compromiso de la UE con la implementación efectiva de políticas de igualdad de género.

El establecimiento del Instituto Europeo de la Igualdad de Género en 2006, por iniciativa del Consejo Europeo y el Parlamento Europeo, otro paso importante, diseñado para apoyar a las instituciones de la UE y a los Estados miembros en la integración de la igualdad de género en todas las políticas y acciones. La labor del Instituto en la promoción de la igualdad de género y en la lucha contra la discriminación por sexo ha sido crucial para avanzar en este ámbito a nivel comunitario.

El Pacto Europeo para la Igualdad de Género, aprobado en 2006, y las subsiguientes acciones del Consejo Europeo subrayan la importancia de equilibrar la vida laboral y familiar para promover el crecimiento económico y la igualdad de género. Estas iniciativas reflejan una creciente conciencia sobre la necesidad de políticas que apoyen tanto a mujeres como a hombres en la conciliación de sus roles profesionales y familiares.

Finalmente, el Tratado de Lisboa, firmado en 2007, consolidó la igualdad de género como un valor y objetivo fundamental de la UE, reforzando el marco legal para la promoción de la igualdad de género y la lucha contra la discriminación. La inclusión explícita del principio de igualdad de género en los valores y objetivos de la UE en el Tratado de Lisboa subraya el compromiso continuo de la Unión con la promoción de la igualdad de género en todas sus políticas y acciones.

En el 2010 se aprueba la Directiva 2010/18/UE del Consejo, de 8 de marzo de 2010, por la que se aplica el Acuerdo marco revisado sobre el permiso parental, celebrado por Business Europe, la Ueapme, el CEEP y la CES, y se deroga la Directiva 96/34/CE, y en ese mismo año se dicta la Directiva 2010/41/UE del Parlamento Europeo.

En el ámbito judicial, el Tribunal de Justicia de la Unión Europea ha interpretado y aplicado de manera consistente los principios de igualdad de género en su jurisprudencia, contribuyendo a la eliminación de la discriminación por razón de género y al fortalecimiento de los derechos de las mujeres en la UE. Además, según dispone el artículo 19 del TFUE el Consejo, por unanimidad con arreglo a un procedimiento legislativo especial, y previa aprobación del Parlamento Europeo, podrá adoptar acciones adecuadas para luchar contra la discriminación por motivos de sexo, de origen racial o étnico, religión o convicciones, discapacidad, edad u orientación sexual.

A nivel de políticas, la Estrategia para la Igualdad de Género 2020-2025 establece un marco ambicioso para abordar las persistentes desigualdades de género, promover la igualdad de género en diversas esferas y combatir la violencia de género. Esta estrategia refleja una visión integral de la igualdad de género, que abarca no solo la eliminación de la discriminación, sino también la promoción de la igualdad de oportunidades y el empoderamiento de las mujeres y las niñas en todos los aspectos de la vida social, económica y política.

Aunque la UE ha logrado avances significativos en la promoción de la igualdad de género, persisten desafíos, como la brecha salarial de género, la subre presentación de las mujeres en posiciones de liderazgo y la violencia de género. La continua evolución del marco jurídico y de las políticas de la UE refleja un compromiso continuo con la igualdad de género, reconociendo que aún queda mucho por hacer para alcanzar la plena igualdad de género en toda la Unión.

Ciertamente, la igualdad aparece no sólo como un principio sino también como un valor estructural en su Preámbulo y como un Derecho, siendo así semejante a lo que ocurre en la legislación española. Siguiendo a Monereo Atienza, la idea básica que está detrás del principio de igualdad entre hombres y mujeres en el marco de la Unión Europea es la búsqueda de la igualdad formal y material, conectándolo con los valores fundamentales. Considera así dicha autora que la inseparable relación que existe entre la dimensión formal y material se conecta con el resto de valores "que concretan la noción abstracta de dignidad humana y que va conectado con la noción de Estado social y democrático de Derecho"[230].

Por último, los Estados miembros han emitido una Declaración en la que destacan su compromiso político en la lucha contra la violencia doméstica. Las siguientes son palabras textuales de la Declaración: "La Conferencia conviene en que, en su empeño general por eliminar las desigualdades entre la mujer y el hombre, la Unión tratará en sus distintas políticas de combatir la violencia doméstica en todas sus formas. Es preciso que los Estados miembros adopten todas las medidas necesarias para prevenir y castigar estos actos delictivos y para prestar apoyo y protección a las víctimas".

4. LA PERSPECTIVA DE GÉNERO EN EL DERECHO ESPAÑOL

La incorporación de la perspectiva de género en la legislación española representa un proceso dinámico y evolutivo, reflejo de los cambios sociales, políticos y culturales que han tenido lugar en España y en el marco internacional.

Se ha tenido ocasión de ver, cómo las ideas de la Revolución Francesa de 1789 en materia de igualdad, tuvieron un impacto positivo en otros países

---

230 MONEREO ATIENZA, C. *La igualdad de hombres y mujeres en la Carta de Derechos Fundamentales de la Unión Europea, Investigación y género, Inseparables en el presente y en el futuro*: IV Congreso Universitario Nacional "Investigación y Género", Sevilla, 2012, pp. 1185 y 1195.

europeos, incluida España. La ausencia de participación femenina en los ámbitos político y jurídico fue particularmente notoria entre 1812 y 1845. No obstante, durante la Regencia de María Cristina y el reinado de Isabel II, se registraron avances significativos hacia la igualdad de género. Estos incluyeron la implementación de medidas educativas que exigían la alfabetización universal, sin distinción de género, y en 1845, la promulgación de la Ley Pidal, que estableció un sistema educativo dirigido a las clases medias, beneficiando por igual a hombres y mujeres. En esta época, aunque prevalecía la percepción de la mujer como un ser vulnerable, se le confería la responsabilidad de mantener el honor de la familia[231].

Durante el periodo de discusión de la Constitución de 1869, surgió la propuesta de otorgar el derecho al voto a las mujeres, aunque finalmente esta idea fue descartada. Posteriormente, en el contexto del proyecto de Constitución de 1873, el foco se desplazó hacia el derecho a la igualdad de oportunidades, estableciéndose en el artículo 5 que "todos los españoles son elegibles para empleos y cargos públicos según su mérito y capacidad...". Según Tomás y Valiente, esta concepción de igualdad ante la ley servía como un medio para que la burguesía criticara y rechazara los privilegios estamentales característicos de la sociedad del Antiguo Régimen[232].

En 1880, se emitió la Real Orden del 23 de octubre, por primera vez reconociendo el derecho de las mujeres a ocupar el puesto de auxiliar de telégrafo. Este avance se extendió posteriormente con la Real Orden de 2 de septiembre de 1910 y con la Ley de Bases de la Condición de Funcionarios de la Administración Civil del Estado de 1918, consolidando el acceso de las mujeres a posiciones dentro de la administración pública.

Al comienzo del siglo XX, la legislación española comenzó a reflejar cambios significativos en la percepción y el trato hacia las mujeres, especialmente en el ámbito del derecho comercial y civil. El Código de Comercio de 1885 marcó un punto de inflexión al reconocer, en su artículo 6, el derecho de las mujeres casadas mayores de 21 años a ejercer actividades comerciales, sujetas a la autorización de sus maridos, salvo en circunstancias específicas como la separación legal, la ausencia del esposo, o en casos

---

231 GARCÍA MERCADEL, F. *La presencia de la mujer en la vida política y parlamentaria española; de la conquista del voto femenino a la democracia paritaria*, Instituto de Estudios Almerienses, Almería, 2001, p. 29.

232 TOMÁS Y VALIENTE, F. *Manual de Historia del Derecho Español*, Instituto de Ciencias Jurídicas, Madrid, 1981, p. 424. Véase en relación al sufragio femenino en España a MONTES SALGUERO, J. "La lucha por el sufragio femenino en España, notas para una historia", *A distancia*, núm. 1, Madrid, 1999, pp. 124-130.

de interdicción civil. Este reconocimiento, aunque limitado, introdujo una noción de capacidad legal para las mujeres en el comercio. Además, el artículo 60 de este Código otorgaba al marido un poder de representación sobre su esposa, permitiéndole realizar actos jurídicos en su nombre, aunque esta autoridad podía ser revocada.

En 1889, la promulgación del Código Civil español consolidó aún más la posición subordinada de la mujer casada, perpetuando la visión de la mujer como un ser con capacidad de obrar limitada. Este Código Civil reflejaba la normativa de la época, donde el marido ejercía un control casi total sobre los asuntos conyugales, incluida la elección del domicilio conyugal y la administración de los bienes comunes. La mujer casada se veía obligada a obtener la asistencia de su marido para realizar la mayoría de los actos jurídicos significativos, subrayando la desigualdad de género en el manejo de los asuntos legales y personales.

Sin embargo, este período también señaló el comienzo de una evolución gradual hacia una mayor inclusión de las mujeres en el ámbito laboral y social, a través de la implementación de diversas leyes. A pesar de los obstáculos, estos cambios legislativos plantaron las semillas para el futuro avance de los derechos de las mujeres en España.

Fue con la Constitución de la Segunda República Española en 1931 cuando se observaron cambios legislativos más significativos hacia la igualdad de género. Esta Constitución representó un avance revolucionario al reconocer explícitamente los derechos electorales de las mujeres y establecer la igualdad de sexos como un principio fundamental. Este período marcó el inicio de una nueva era en el movimiento feminista en España, caracterizada por profundos cambios legislativos que buscaron erradicar las desigualdades de género y promover la plena participación de las mujeres en todos los aspectos de la vida pública y privada.

Estos avances, sin embargo, deben contextualizarse dentro de un largo camino hacia la igualdad de género, que ha requerido de continuos esfuerzos legislativos, sociales y culturales para superar las barreras históricas impuestas por una sociedad tradicionalmente patriarcal. La evolución de los derechos de las mujeres en España refleja un complejo proceso de lucha y progreso hacia la igualdad, marcado tanto por logros significativos como por desafíos persistentes.

La Guerra Civil Española y el subsiguiente periodo de penuria económica llevaron a un incremento notable de la prostitución, un fenómeno que el régimen franquista intentó abordar mediante la creación de instituciones específicas. Entre estas, destacaron las Prisiones Especiales para

Mujeres Caídas y el Patronato de Protección a la Mujer, este último presidido por Carmen Polo de Franco. El objetivo era reorientar a las mujeres involucradas en la prostitución hacia actividades consideradas moralmente aceptables, basándose en principios católicos. En esta línea, el régimen impuso un modelo de vestimenta para las mujeres que enfatizaba la modestia: mangas largas, faldas amplias y sin escotes, evitando cualquier atisbo de sensualidad o provocación. Además, se restringía la libertad de las mujeres jóvenes, quienes no podían salir solas a la calle sin la compañía de un varón de la familia[233].

Conforme a Ortiz Heras, la ideología franquista relegaba a la mujer al ámbito doméstico, promoviendo una actitud de sumisión primero hacia los padres y luego hacia el esposo. La propaganda del régimen delineaba a la mujer como emblema del amor y la familia, mientras que al hombre se le asignaba el rol de guerrero y protector. Este discurso no solo subrayaba la desigualdad de género, sino que también reforzaba estereotipos que limitaban el papel de la mujer en la sociedad a responsabilidades familiares y domésticas, marginándola de la esfera pública y de la toma de decisiones. Este enfoque constituyó un elemento central en la consolidación del modelo social y familiar promovido por el franquismo, marcando profundamente la percepción y el tratamiento de las mujeres durante este periodo[234].

A finales de la década de 1950, España comenzó a experimentar un proceso de apertura internacional, que trajo consigo influencias externas en materia de igualdad de género, traduciéndose en reformas legislativas graduales, aunque con ciertas limitaciones. Se promulgaron leyes que avanzaban hacia la no discriminación por razón de sexo en lo referente a la capacidad jurídica de las mujeres; no obstante, este progreso estaba condicionado al estado civil de la mujer. Mientras que las mujeres solteras obtenían cierta autonomía jurídica, las menores de edad permanecían bajo la patria potestad de los padres y las casadas, bajo la tutela legal de sus esposos. Esta situación limitaba significativamente la capacidad de las mujeres para elegir una profesión o realizar transacciones comerciales sin el consentimiento marital.

No fue hasta el año 1958 cuando se permitió a las mujeres actuar como testigos en los testamentos, aunque, en el caso de las casadas, seguían ne-

---

233 NICOLÁS MARÍN, E. *La libertad encadenada. España en la Dictadura franquista 1939-1975*, Alianza, Madrid, 2005, p. 149.

234 ORTIZ HERAS, M. "Mujer y Dictadura franquista", Óp. cit. p. 6-7.

cesitando la autorización de sus maridos para ejercer dicho derecho. Este periodo se caracterizó por una lenta evolución hacia el reconocimiento de los derechos de la mujer, manteniendo aún profundas raíces en estructuras patriarcales.

Hacia el final de la Dictadura, España experimentó avances legislativos más significativos en el reconocimiento de los derechos de las mujeres y la eliminación gradual de las desigualdades de género. Un hito importante fue la publicación de la Ley General de Educación en 1970, que establecía la igualdad de sexos en el ámbito educativo, garantizando el derecho a la escolarización de las mujeres. Este avance representó un paso crucial hacia la igualdad de oportunidades en la educación para ambos sexos. Posteriormente, en 1975, se produjeron cambios legislativos trascendentales con la abolición de la licencia marital y el requisito de obediencia al marido, marcando el inicio de una nueva era en la lucha por la igualdad de género en España.

Estas reformas, aunque inicialmente limitadas y condicionadas, sentaron las bases para el desarrollo posterior de políticas más inclusivas y equitativas, reflejando un cambio gradual pero firme hacia la eliminación de las barreras de género y el reconocimiento pleno de los derechos de las mujeres en la sociedad española.

La transición a la democracia en 1978, con la adopción de la Constitución Española, marcó el inicio formal de la integración de la igualdad de género en la legislación. El artículo 14 de la Constitución proclama la igualdad de todos los españoles ante la ley, sin discriminación por nacimiento, raza, sexo, religión, opinión o cualquier otra condición o circunstancia personal o social. Aunque este artículo establece un fundamento sólido, la aplicación práctica de la igualdad de género ha necesitado de un desarrollo legislativo más específico y detallado.

No se debe obviar que la Norma Fundamental, otorga la obligación a los poderes públicos, según el artículo 9.2, de eliminar los obstáculos que impiden conseguir la igualdad entre las personas, lo que conlleva a lo que se denomina la discriminación positiva[235].

235 Artículo 9.2 CE "Corresponde a los poderes públicos promover las condiciones para que la libertad y la igualdad del individuo y de los grupos en que se integra sean reales y efectivas; remover los obstáculos que impidan o dificulten su plenitud y facilitar la participación de todos los ciudadanos en la vida política, económica, cultural y social".

Es importante la jurisprudencia del Tribunal Constitucional en materia de igualdad, como Alto órgano encargado de mantener la supremacía de la Constitución Española. En 1988 emitió una decisión clave reafirmando el principio de igualdad consagrado en la Constitución Española. Esta resolución destaca que el principio de igualdad tiene como función esencial prevenir la adopción de criterios en las normativas que propicien un trato diferenciado hacia individuos en idénticas situaciones y circunstancias. Asimismo, obliga a que las leyes se apliquen de manera uniforme a todas las personas que se hallen en situaciones comparables, sin permitir que el ente aplicador de la norma realice distinciones basadas en las personas o en circunstancias ajenas a las estipuladas en la propia normativa. Esta interpretación del Tribunal Constitucional subraya la importancia de aplicar el derecho de manera equitativa, asegurando que la igualdad ante la ley se mantenga como un pilar fundamental del ordenamiento jurídico español, sin discriminación por razón de identidad, condición o circunstancia personal no contemplada en la ley[236].

En respuesta a lo señalado por el Tribunal Constitucional, a lo largo de las décadas de 1980 y 1990, España comenzó a adoptar legislación que abordaba específicamente la igualdad de género y la no discriminación.

En este contexto, en 1989 se promulgó la ley 3/1989, de 3 de marzo, una normativa pionera que extendió el permiso por maternidad a dieciséis semanas. Esta ley no solo buscaba asegurar un tiempo adecuado para la recuperación y el cuidado del recién nacido por parte de la madre, sino también promover una mayor equidad en el tratamiento de las mujeres en el entorno laboral, facilitando la conciliación de la vida profesional y familiar.

Siguiendo esta línea, en 1991 se emitió una recomendación el 27 de noviembre, que enfatizaba la protección de la dignidad tanto de mujeres como de hombres en el trabajo. Esta recomendación surgió en un momento en que el Comité consultivo de igualdad de oportunidades entre hombres y mujeres ya había manifestado, en su dictamen de 20 de junio de 1988, la necesidad de adoptar medidas específicas contra el acoso sexual en el lugar de trabajo, dirigidas a ambos géneros.

Consecuentemente, en el marco del "tercer programa de acción sobre la igualdad de oportunidades de mujeres y hombres, 1991-1995", y siguiendo la Resolución del Consejo de 29 de mayo de 1990, la Comisión se comprometió a desarrollar un código de conducta sobre la protección de la

---

236 STC 144/1988, de 12 de julio, Fundamento Jurídico 1.

dignidad en el trabajo. Este código se basaría en las experiencias y prácticas ejemplares de los Estados miembros, ofreciendo directrices para el inicio y mantenimiento de acciones positivas orientadas a fomentar un ambiente laboral en el que se respete la integridad humana de mujeres y hombres por igual.

En 1994, se promulgó el Real Decreto Legislativo 1/1994, que aprobó el texto refundido de la Ley General de la Seguridad Social, marcando un hito en la consolidación de los principios rectores del sistema de Seguridad Social en España. El artículo 2 de esta ley destaca la base sobre la cual se estructura el sistema, subrayando los principios de universalidad, unidad, solidaridad e igualdad. Estos principios garantizan una cobertura amplia y equitativa, asegurando que todos los ciudadanos tengan acceso a la protección social independientemente de su situación laboral o contributiva. Específicamente, el artículo 74 de esta ley hace hincapié en la igualdad en los sistemas de contratación, reconociendo la importancia de asegurar un acceso equitativo a las oportunidades laborales para todos los individuos, sin discriminación alguna[237].

Posteriormente, en 1995, se promulgó el Real Decreto del Estatuto de los Trabajadores, una normativa que, tanto en su versión original como en las modificaciones sucesivas, ha sido crucial para reforzar la igualdad salarial entre hombres y mujeres. Este avance legislativo respondió al mandato constitucional establecido en el artículo 35 de la Constitución Española, que proclama el derecho a una remuneración suficiente para satisfacer las necesidades del trabajador y su familia, sin hacer distinción de sexo. A pesar de estos esfuerzos legislativos, la Organización para la Cooperación y el Desarrollo Económicos (OCDE) ha señalado que persiste una brecha salarial de género, evidenciando que, aunque se han establecido mecanis-

---

237 Real Decreto Legislativo 1/1994, de 20 de junio, aprueba el texto refundido de la Ley General de la Seguridad Social: "En los procedimientos de contratación se garantizarán los principios de publicidad, concurrencia, transparencia, confidencialidad, igualdad y no discriminación, pudiendo licitar en los mismos los empresarios asociados y los trabajadores adheridos, en cuyo caso no podrán formar parte de los órganos de contratación, por sí mismos ni a través de mandatarios. Tampoco podrán formar parte de los órganos de contratación las personas vinculadas al licitador por parentesco, en línea directa o colateral, por consanguinidad o afinidad, hasta el cuarto grado, ni las sociedades en las que las mismas ostenten una participación, directa o indirecta, igual o superior al 10 por ciento del capital social o ejerzan en las mismas funciones que impliquen el ejercicio de poder de decisión".

mos legales para promover la igualdad salarial, en la práctica aún quedan desafíos por superar[238].

En 1999, España promulgó la Ley de Prevención de Riesgos Laborales, marcando un avance significativo en la promoción de un ambiente de trabajo seguro y saludable para todos los trabajadores. Destacando en su artículo 5, la ley establece un compromiso explícito por parte de las Administraciones públicas para promover la efectividad del principio de igualdad de género. Esto incluye la consideración de variables relacionadas con el género en la recopilación y tratamiento de datos, así como en la investigación en materia de prevención de riesgos laborales. El objetivo es identificar y prevenir situaciones específicas donde los riesgos laborales puedan estar directamente relacionados con el género del trabajador, asegurando así una protección equitativa para mujeres y hombres en el entorno laboral.

En el mismo año, y en respuesta al creciente ingreso de mujeres en el mercado laboral, se promulgó una ley dedicada a la conciliación de la vida personal y laboral. Esta legislación responde a un mandato más amplio, enmarcado dentro de las Directivas del Consejo Europeo 92/85/CEE y 96/34/CE, que abordan, respectivamente, la protección de la trabajadora embarazada, que haya dado a luz o en período de lactancia, desde una perspectiva de salud y seguridad laboral, y el acuerdo marco sobre el permiso parental, promoviendo la posibilidad de ausentarse del trabajo por razones de fuerza mayor. Este marco legislativo busca facilitar la participación activa de los trabajadores en la vida familiar, representando un paso adelante en la promoción de la igualdad de oportunidades entre mujeres y hombres.

La ley introduce importantes modificaciones laborales para permitir una mejor integración entre las responsabilidades familiares y profesionales de los trabajadores. Se busca un equilibrio que favorezca los permisos por maternidad y paternidad, sin que estos repercutan negativamente en el acceso al empleo, las condiciones laborales o las oportunidades de asumir cargos de responsabilidad, especialmente para las mujeres. De igual manera, se alienta la participación de los hombres en el cuidado de los hijos desde su nacimiento o incorporación a la familia, contribuyendo a una distribución más equitativa de las responsabilidades familiares.

En 1999, España dio un paso significativo hacia la promoción de la igualdad de género en el ámbito laboral con la promulgación de la Ley de

---

238 Real Decreto Legislativo 1/1995, de 24 de marzo, por el que se aprueba el texto refundido de la Ley del Estatuto de los Trabajadores.

Prevención de Riesgos Laborales. Esta ley, particularmente en su artículo 5, enfatiza la importancia de incorporar una perspectiva de género en la prevención de riesgos laborales, instando a las Administraciones públicas a promover la igualdad entre mujeres y hombres. Se destaca la necesidad de considerar las variables de género en la recopilación y análisis de datos, así como en la investigación en materia de seguridad y salud en el trabajo, con el objetivo de identificar y prevenir situaciones de riesgo potencialmente vinculadas al género de los trabajadores[239].

Ese mismo año, en respuesta al creciente número de mujeres en el mercado laboral, se promulgó una ley enfocada en la conciliación de la vida personal y laboral. Esta legislación se alinea con directivas comunitarias, como la Directiva del Consejo 92/85/CEE, que aborda la protección de la trabajadora embarazada, y la Directiva 96/34/CE, sobre el permiso parental. La ley introduce cambios legislativos para facilitar la participación activa de los trabajadores en la vida familiar, promoviendo la igualdad de oportunidades entre hombres y mujeres. Se busca un equilibrio que favorezca los permisos por maternidad y paternidad, sin impactar negativamente en el acceso al empleo o en las condiciones laborales de las mujeres, y al mismo tiempo, se incentiva la participación de los hombres en el cuidado de los hijos desde su nacimiento.

Además, se abordó la controversia social relativa al orden de los apellidos en el registro civil. La Ley 40/1999, de 5 de noviembre, busca modificar la práctica tradicional del orden paterno-materno en la inscripción de apellidos, en consonancia con el principio de igualdad y decisiones internacionales sobre esta materia. Esta ley permite a los padres decidir de común acuerdo el orden de los apellidos de sus hijos, garantizando así un tratamiento más justo y menos discriminatorio. Esta medida refleja un esfuerzo por eliminar disposiciones sexistas en el derecho del nombre, alineándose con recomendaciones internacionales y sentencias del Tribunal Europeo de Derechos Humanos.

Es importante destacar el marco internacional que apoya la eliminación de las disposiciones sexistas en el derecho del nombre y apellidos, evidenciando un compromiso global hacia la igualdad de género. El artículo 16 de la Convención de las Naciones Unidas sobre la Eliminación de Todas las Formas de Discriminación contra la Mujer (CEDAW), adoptada el 18 de di-

---

239 Ley 40/1999, de 5 de noviembre, sobre nombre y apellidos y orden de los mismos. BOE núm. 266, de 6 de noviembre de 1999.

ciembre de 1979, insta a los Estados parte a eliminar cualquier legislación sexista en el derecho del nombre.

Asimismo, desde 1978, el Comité de Ministros del Consejo de Europa ha hecho un llamamiento a través de la Resolución 78/37, instando a los Estados miembros a erradicar cualquier forma de discriminación entre hombres y mujeres en el ámbito jurídico del nombre. Además, el Tribunal Europeo de Derechos Humanos, en su sentencia del 22 de febrero de 1994 en el caso Burghartz contra Suiza, condenó las prácticas discriminatorias en la elección de los apellidos, marcando un precedente importante en la protección de los derechos individuales y la igualdad de género.

En este contexto, resulta más equitativo y menos discriminatorio permitir que los padres, de común acuerdo, decidan el orden de los apellidos de sus hijos desde el principio. Esta flexibilidad reconoce la igualdad de derechos entre padres y madres en la determinación de la identidad familiar de sus hijos. Además, se establece que la elección hecha para el primer hijo deberá aplicarse también a los hijos subsiguientes del mismo vínculo, garantizando coherencia y uniformidad en el apellido familiar. Sin embargo, en ausencia de un acuerdo entre los padres, la ley prevalecerá, asegurando así un mecanismo de resolución y manteniendo el principio de igualdad en el centro de estas decisiones. Estos enfoques permitieron a España alinearse con las Directivas internaciones y decisiones judiciales relevantes.

La Ley Orgánica sobre Derechos y Libertades de los Extranjeros en España y su Integración Social, promulgada en el año 2000, constituye también, un marco legislativo fundamental en la regulación de la situación de los extranjeros en España, enfatizando la importancia de su integración social. En particular, el artículo 2.bis de esta ley establece un compromiso claro de todas las Administraciones Públicas de adherirse a principios fundamentales en el ejercicio de sus competencias relacionadas con la inmigración, destacando entre estos la igualdad efectiva entre mujeres y hombres. Este principio subraya el compromiso de garantizar que las políticas y prácticas de inmigración promuevan un trato igualitario y justo para todos, independientemente del género.

El artículo 2.ter profundiza en la estrategia de integración, insistiendo en la necesidad de proporcionar acciones formativas que fomenten el conocimiento y respeto de los valores constitucionales y estatutarios de España, los valores de la Unión Europea, y en particular, los derechos humanos, las libertades públicas, la democracia, la tolerancia y la igualdad de género. Además, este artículo destaca la importancia de desarrollar medidas específicas para facilitar la incorporación de los inmigrantes al sistema educativo, asegurando la escolarización obligatoria, el aprendizaje de las lenguas oficiales y el acceso al empleo como elementos clave para una integración efectiva.

En su conjunto, esta legislación no solo hace hincapié en la igualdad de género, sino que también promueve la igualdad en general y el reconocimiento de los derechos humanos de todas las personas. A través de esta ley, España reafirma su compromiso con la creación de una sociedad inclusiva y respetuosa, que valora y promueve activamente la diversidad cultural y la igualdad de oportunidades para todos sus residentes, independientemente de su origen nacional o estatus migratorio.

La persistente desigualdad en la sociedad española, evidenciada en parte por el incremento de casos de mujeres maltratadas, impulsó la creación de legislación específica para abordar estas cuestiones y promover la igualdad de género.

En este contexto se aprobaron dos leyes fundamentales, la primera, la Ley Orgánica 1/2004, de Medidas de Protección Integral contra la Violencia de Género (LOMPIVG), un año después de iniciativas legislativas destinadas a garantizar la igualdad entre hombres y mujeres.

Esta ley, reconocida por su acrónimo LOMPIVG, se convirtió en un paso adelante, simbolizando la lucha contra la manifestación más extrema de la desigualdad de género en España, y de una violencia que durante muchos años se ha mantenido oculta.

El preámbulo de la LOMPIVG destaca que la violencia de género constituye el símbolo más brutal de la desigualdad existente entre hombres y mujeres en la sociedad. La implementación de esta ley significó una revisión sustancial del Código Penal, diferenciando claramente entre violencia de género y violencia doméstica y reconociendo la especificidad y gravedad de la violencia ejercida contra las mujeres en el ámbito de las relaciones de pareja o ex pareja.

Como parte de las medidas introducidas por la LOMPIVG, se creó la Delegación Especial del Gobierno contra la Violencia sobre la Mujer. Esta delegación se encarga de formular y dirigir las políticas públicas del Gobierno en materia de violencia de género, asegurando la protección y el ejercicio efectivo de los derechos de las mujeres víctimas de esta violencia[240].

---

240 Real Decreto 237/2005, de 4 de marzo, por el que se establecen el rango y las funciones de la Delegación Especial del Gobierno contra la Violencia sobre la Mujer, prevista en la Ley Orgánica 1/2004, de 28 de diciembre, de medidas de protección integral contra la violencia de género.

En 2006, el Real Decreto 253/2006, de 3 de marzo, estableció las funciones, el régimen de funcionamiento y la composición del Observatorio Estatal de Violencia sobre la Mujer, modificando el Real Decreto previo 1600/2004, que desarrollaba la estructura orgánica básica del Ministerio de Trabajo y Asuntos Sociales. Este Observatorio juega un papel crucial en la evaluación y seguimiento de las políticas y medidas adoptadas en la lucha contra la violencia de género, incluyendo la designación de sus vocales, que deben ser nombrados en consideración a su experiencia en esta materia.

La segunda ley aprobada, fue la Ley Orgánica 3/2007, para la Igualdad Efectiva de Mujeres y Hombres: Conocida como la Ley de Igualdad, esta normativa fue fundamental en la legislación española, al requerir la incorporación de la perspectiva de género en todas las políticas públicas. Introdujo obligaciones específicas para empresas y administraciones públicas, como la necesidad de elaborar planes de igualdad y asegurar una representación equilibrada de mujeres y hombres en órganos de decisión.

Paralelamente, en el año 2005 el Consejo de Ministros de España, el 4 de marzo, adoptó una estrategia progresista hacia la consecución de la igualdad de género con la aprobación del Plan para la Igualdad de Género en la Administración General del Estado. Este plan representa un esfuerzo integral y coordinado para abordar las disparidades de género y fomentar un entorno laboral equitativo y libre de discriminación para todos los empleados del sector público. Se articula en torno a seis ejes fundamentales de acción:

a) Medidas para promover la igualdad de género en el acceso al empleo público: Se establecen políticas para asegurar un acceso equitativo y justo al empleo en la Administración Pública, eliminando barreras y sesgos de género en los procesos de selección y reclutamiento.

b) Medidas para favorecer la promoción profesional de las empleadas públicas: Se implementan iniciativas para garantizar que las mujeres tengan igualdad de oportunidades en cuanto a promoción y desarrollo profesional, abordando cualquier forma de techo de cristal que limite su avance.

c) Medidas para la conciliación de la vida personal, familiar y laboral de las personas que trabajen en la Administración General del Estado: Se promueven políticas de flexibilidad laboral, permisos parentales y otras medidas de apoyo que faciliten un equilibrio entre las responsabilidades laborales y personales/familiares de los empleados, con especial atención en fomentar la corresponsabilidad de género.

d) Medidas contra la violencia de género en la Administración General del Estado: Se adoptan protocolos y procedimientos para prevenir, detectar y actuar eficazmente ante casos de violencia de género dentro del entorno laboral, asegurando la protección y apoyo a las víctimas.

e) Iniciativas para promover el valor de la igualdad de género en la Administración General del Estado: Se desarrollan programas de formación y sensibilización sobre igualdad de género y no discriminación, dirigidos a todos los niveles de la organización, para construir una cultura laboral inclusiva y respetuosa.

f) Medidas de estudio y evaluación de la trayectoria profesional por sexo de los empleados públicos y desarrollo del principio de igualdad de género: Se compromete a la realización de estudios y evaluaciones periódicas para monitorizar la implementación de las políticas de igualdad y su impacto en la trayectoria profesional de los empleados, ajustando las estrategias conforme sea necesario para cumplir con los objetivos de igualdad.

El año 2005 se llevaron a cabo la implementación de diversas medidas legislativas y acuerdos gubernamentales destinados a cerrar la brecha de género y promover un entorno más equitativo para hombres y mujeres. La Orden PRE/525/2005, de 7 de marzo, es un claro ejemplo de este esfuerzo, dando publicidad al Acuerdo del Consejo de Ministros que adopta medidas específicas para favorecer la igualdad entre mujeres y hombres.

Este acuerdo reconoce los significativos avances logrados por las mujeres españolas en las últimas décadas, pero también destaca las persistentes desigualdades que aún enfrentan en la sociedad y en el ámbito laboral. A pesar de los avances en participación laboral femenina, se sigue observando una tasa de desempleo femenino superior a la masculina y una brecha salarial significativa por el mismo trabajo. Además, las responsabilidades familiares continúan recayendo casi exclusivamente en las mujeres, complicando la conciliación de la vida familiar y profesional. La violencia de género, por otro lado, sigue siendo una realidad devastadora, con un número alarmante de mujeres asesinadas anualmente por sus parejas.

En respuesta a estos desafíos, se aprobó la Orden APU/3902/2005, de 15 de diciembre, que publica el Acuerdo de la Mesa General de Negociación de los Empleados Públicos. Este acuerdo introduce medidas retributivas y de mejora en las condiciones de trabajo y profesionalización de los empleados públicos. Dentro del marco del "Plan Concilia", impulsado por el Gobierno, se destacan medidas innovadoras en el ámbito de las relaciones laborales orientadas a la conciliación de la vida familiar y laboral, así como a la promoción de la igualdad de género. Los 16 puntos del apartado cuarto del Acuerdo incluyen iniciativas que facilitan la conciliación de las responsabilidades profesionales con la vida personal y familiar, promoviendo una cultura de corresponsabilidad entre géneros[241].Estas medidas, no dejan de ser un reflejo del compromiso del Gobierno español con la construcción de una sociedad que ofrezca igualdad de oportunidades para todos sus ciudadanos, independientemente de su género.

Por su parte, como respuesta directa a las necesidades surgidas tras la entrada en vigor de esta ley, se aprobó el Real Decreto 90/2006, de 20 de julio. Este Decreto regula el procedimiento para la concesión de ayudas económicas destinadas a las mujeres que han sufrido violencia de género, constituyendo un pilar fundamental para su recuperación y reintegración social. Estas ayudas son esenciales para ofrecer a las víctimas los recursos necesarios para empezar una nueva vida lejos de la violencia y la opresión.

Se abordó justo en ese momento, una reforma significativa en el ámbito de la nobleza, específicamente en lo que respecta a la concesión de títulos nobiliarios. Esta reforma, que rompe con siglos de tradición basada en el principio de masculinidad y la preferencia por el varón, refleja el compromiso de España con la igualdad de género incluso en las esferas más tradicionales de la sociedad. El preámbulo de esta normativa crítica las bases históricas que han perpetuado la discriminación de género dentro de la nobleza, destacando que las normas antiguas son incompatibles

---

241 La mutilación genital femenina constituye un grave atentado contra los derechos humanos, es un ejercicio de violencia contra las mujeres que afecta directamente a su integridad como personas. La mutilación de los órganos genitales de las niñas y las jóvenes debe considerarse un trato «inhumano y degradante» incluido, junto a la tortura, en las prohibiciones del artículo 3 del Convenio Europeo de Derechos Humanos. Con el fin de acabar con estos delitos se crea la ley Orgánica 3/2005, de 8 de julio, de modificación de la Ley Orgánica 6/1985, de 1 de julio, del Poder Judicial, para perseguir extraterritorialmente la práctica de la mutilación genital femenina. Sobre la Mutilación Genital Femenina véase a HERMIDA DEL LLANO, C. *La Mutilación Genital Femenina el Declive de los Mitos de Legitimación*, Tirant lo Blanch, 2018.

con los valores de una sociedad democrática donde las mujeres tienen una participación activa y plena. En su artículo 1, se establece que hombres y mujeres tienen igual derecho a suceder en las Grandezas de España y títulos nobiliarios, eliminando cualquier forma de discriminación basada en el género[242].

Estas acciones legislativas reflejan una evolución significativa en el compromiso de España con la promoción de la igualdad de género y la protección de los derechos de las mujeres. La lucha contra la violencia de género y la eliminación de la discriminación en todas sus formas son aspectos centrales de esta evolución. Las leyes y reformas implementadas demuestran la voluntad del legislador de abordar y corregir las desigualdades estructurales que persisten entre hombres y mujeres, avanzando hacia una sociedad más justa e igualitaria. La integración de medidas de protección y apoyo para las víctimas de violencia de género, junto con la promoción de la igualdad en ámbitos tan arraigados como la nobleza, son claros ejemplos del progreso hacia el desmantelamiento de las barreras históricas que han limitado la igualdad de género en España.

4.1. La legislación autonómica más relevante en perspectiva de género

La perspectiva de género en la legislación española ha cobrado impulso en las últimas décadas, con un enfoque particular en la integración de esta perspectiva en las políticas públicas a nivel de las comunidades autónomas. Esto se alinea con los compromisos internacionales de España, como la Convención sobre la Eliminación de Todas las Formas de Discriminación contra la Mujer (CEDAW) y la Plataforma de Acción de Beijing, así como con la legislación europea en materia de igualdad de género.

Así, las Comunidades Autónomas han adoptado diferentes textos legislativos y políticas públicas para conseguir promover la igualdad de género, en este apartado vamos a ver lo que cada una de ellas ha adoptado.

a. Andalucía

Andalucía ha sido una de las Comunidades Autónomas pioneras que adoptó medidas para luchar por la igualdad de género, tanto que, en 1988 se creó el Instituto Andaluz de la Mujer y la elaboración, además de elaborar el Gobierno andaluz dos planes de acción para avanzar en la erradica-

[242] Ley 33/2006, de 30 de octubre, sobre igualdad del hombre y la mujer en el orden de sucesión de los títulos nobiliarios. BOE núm. 260, de 31 de octubre de 2006.

ción de la violencia de género desde el enfoque multidisciplinar y coordinado de los diferentes ámbitos de actuación, para los períodos 1998-2000 y 2001-2004[243].

Posteriormente con el Estatuto de Autonomía de Andalucía[244], recoge en su artículo 16 que "las ~~Las~~ mujeres tienen derecho a una protección integral contra la violencia de género, que incluirá medidas preventivas, medidas asistenciales y ayudas públicas". De esta forma, se compromete a atacar la violencia de género, ofreciendo además una ayuda y protección integral. Por su parte, en el artículo 73.2 añade que "Corresponde a la Comunidad Autónoma la competencia compartida en materia de lucha contra la violencia de género, la planificación de actuaciones y la capacidad de evaluación y propuesta ante la Administración central. La Comunidad Autónoma podrá establecer medidas e instrumentos para la sensibilización sobre la violencia de género y para su detección y prevención, así como regular servicios y destinar recursos propios para conseguir una protección integral de las mujeres que han sufrido o sufren este tipo de violencia".

La siguiente ley aprobada fue la, Ley 12/2007, de 26 de noviembre, para la promoción de la igualdad de género en Andalucía. Esta ley fue una de las primeras de su tipo en España y establece las bases para la promoción de la igualdad de género y la lucha contra la discriminación por razón de sexo en Andalucía. La ley abarca diversos ámbitos como el empleo, la educación, la salud, la violencia de género, y la participación política y social, e introduce la obligatoriedad de incorporar la perspectiva de género en todas las políticas públicas regionales.

En ese mismo año y como complemento a la anterior se aprobó la Ley 13/2007, de 26 de noviembre, de medidas de prevención y protección integral contra la violencia de género, y tiene como finalidad, actuar contra la violencia de género y añade además la violencia vicaria, además de adoptar las medidas para la erradicación de la violencia, a través de prevención y de protección integral a las víctimas, así como de sensibilización, educativas, formativas, de detección, atención y recuperación y todas las que resulten necesarias. En otras palabras, se trata de una ley que se enfoca de manera específica a la erradicación de la violencia de género.

---

243 CABRERA MERCADO, R. y CARAZO LIÉBANA, M. J. *Análisis de la legislación autonómia sobre violencia de género*", Ministerio de Igualdad, p. 21.

244 Ley Orgánica 2/2007, de 19 de marzo.

Contiguamente se llevó a cabo el Decreto Ley 6/2019, de medidas urgentes para favorecer la igualdad de género y los derechos LGTBI en Andalucía. La adopción de este decreto, en condiciones de extraordinaria y urgente necesidad se basaron, según su Exposición de Motivos, dentro del margen de apreciación que, en cuanto órgano de dirección política del Estado, le reconoce el artículo 86.1 de la Constitución. Además, se ha producido un claro retraso en el cumplimiento de los objetivos de igualdad y el hecho de que esta situación persista por largo tiempo no es óbice para que se haga frente a la misma por vía de la legislación de urgencia. El carácter estructural de una situación no impide que, en el momento actual, pueda convertirse en un supuesto de extraordinaria y urgente necesidad atendiendo a las circunstancias concurrentes.

Con este Decreto se modifican diferentes leyes de Andalucía, pero además, incluye una medida de protección social de carácter extraordinario y urgente, como es la recuperación de la financiación de las cuotas del convenio especial de los cuidadores no profesionales de las personas en situación de dependencia a cargo de la Administración General del Estado. De esta forma, se pone en valor la figura del cuidador no profesional de personas en situación de dependencia, quien en muchos casos se ve abocado a abandonar su puesto de trabajo, y por tanto a interrumpir su carrera de cotización a la seguridad social, para cuidar de la persona dependiente. Esta medida, dada su particular naturaleza, requiere de una actuación urgente, y sin duda necesaria para este colectivo, que está formado en mayor medida por mujeres, ya que tradicionalmente son ellas las que asumen los cuidados de las personas dependientes. También incluye disposiciones para eliminar los obstáculos que impiden la igualdad real y efectiva, promoviendo la diversidad y la inclusión en todos los ámbitos de la sociedad andaluza.

Por su parte, los planes estratégicos para la igualdad de hombres y mujeres en Andalucía, que se actualizan periódicamente, establecen los objetivos y medidas concretas para avanzar hacia la igualdad de género en la región. Cubren áreas como la educación, el empleo, la salud, la cultura, el deporte, y la participación social y política, detallando acciones específicas para promover la igualdad y combatir la discriminación.

Por último, Andalucía ha implementado programas de sensibilización y formación dirigidos a diversos sectores de la población y profesionales, con el objetivo de promover la igualdad de género y prevenir la violencia de género. Estos programas abarcan desde la educación en las escuelas hasta la formación específica para el personal de la administración pública, las fuerzas de seguridad y los profesionales de la salud.

b. Aragón

Antes de la promulgación del nuevo Estatuto de Autonomía, Aragón creó en el año 1993 el Instituto Aragonés de la Mujer, desarrollando medidas encaminadas a la eliminación de cualquier forma de discriminación de las mujeres, y fomentando la prestación de servicios a favor de las mismas, además de atender y proteger a las víctimas de violencia de cualquier tipo. En el año 2004, se aprobó el Plan Integral para la prevención y erradicación de la violencia contra las mujeres en Aragón.

Posteriormente, el día 22 de marzo, las Cortes de Aragón aprobaron la Ley 4/2007, de Prevención y Protección Integral a las Mujeres Víctimas de Violencia en Aragón, la cual se centra específicamente en la lucha contra la violencia de género, estableciendo mecanismos de prevención, atención, protección y recuperación de las víctimas de violencia de género.

Se llega entonces al Estatuto de Autonomía a través de la LO 5/2007, de 20 de abril, a través del cual ha asumido las políticas de género dentro de sus competencias exclusivas. En efecto, el artículo 71 al describir el elenco de dichas competencias exclusivas, en su nº 37, señala las políticas de igualdad social que comprende, entre otros aspectos, "la prevención y protección social ante todo tipo de violencia y, especialmente, la de género".

El 28 de junio de 2018, se aprobó la Ley 7/2018, de 28 de junio, de igualdad de oportunidades entre mujeres y hombres en Aragón. Esta ley es fundamental para establecer el marco normativo que garantiza la igualdad de género y la no discriminación en todos los ámbitos de la sociedad aragonesa. Su objetivo es promover medidas que faciliten la igualdad real y efectiva entre géneros, además de; Establecer los principios generales de actuación de los poderes públicos de Aragón en materia de igualdad entre mujeres y hombres. Prever medidas dirigidas a prevenir y combatir en los sectores público y privado aragoneses toda forma de discriminación por razón de género. Incorpora medidas y recursos dirigidos a promover y garantizar la efectiva igualdad de oportunidades y de trato en todos los ámbitos de la vida en Aragón y desarrolla medidas para transversalizar el enfoque de género y modificar los roles masculinos estereotipados que sustentan la desigualdad de género.

Por otro lado, Aragón ha implementado varios planes de igualdad que buscan promover la igualdad de género en diferentes sectores, incluyendo la administración pública, la educación y el empleo. Estos planes incluyen acciones concretas para eliminar las barreras que impiden la igualdad efectiva entre mujeres y hombres.

Se han implementado programas y actividades educativas dirigidas a promover la igualdad de género desde las etapas más tempranas de la educación. Estas iniciativas buscan combatir estereotipos de género y fomentar relaciones igualitarias y respetuosas.

Y por último, Aragón ha adoptado medidas para fomentar la igualdad de género en el ámbito laboral, incluyendo la promoción de los planes de igualdad en empresas y la lucha contra la brecha salarial de género.

c. Canarias

El Estatuto de Autonomía de Canarias, promulgado por la Ley Orgánica 10/1982, de 30 de diciembre, recoge en su artículo 5.2 que "los poderes públicos canarios, en el marco de sus competencias, asumen como principios rectores de su política: a) la promoción de la condiciones necesarias para el libre ejercicio de los derechos y libertades de los ciudadanos y la igualdad de los individuos y los grupos en que se integren". No se incluye de manera expresa competencia sobre la promoción de la mujer o las políticas públicas de género, pues hay que ver el momento en el que este Estatuto fue promulgado, si bien es cierto que, en 1994 se crea el Instituto Canario de la Mujer, mediante la Ley 1/1994, de 13 de enero*, norma que se desarrolla por el* Decreto 1/1995, de 13 de enero. Se trata del órgano encargado de promover las políticas de igualdad de género en la comunidad autónoma. Desarrolla programas y campañas de sensibilización, formación y prevención dirigidos a erradicar la discriminación de género y fomentar la igualdad entre mujeres y hombres.

El 8 de abril de 2003 se aprueba la Ley 16/2003, de Prevención y Protección Integral de las Mujeres contra la Violencia de Género. Esta ley se centra en la prevención, atención, protección y recuperación de las víctimas de violencia de género, alineándose con las políticas nacionales y adaptándolas a las necesidades específicas del archipiélago. Antes, se habían aprobado varios Planes de Igualdad y el Programa Canario para prevenir y erradicar la violencia contra las mujeres para el período 2002-2006.

Posteriormente se aprobaría la Ley 1/2010, de 26 de febrero, canaria de igualdad entre mujeres y hombres. Esta ley establece el marco jurídico para promover la igualdad de género y prevenir cualquier forma de discriminación entre hombres y mujeres en las Islas Canarias. Incluye disposiciones para la incorporación de la perspectiva de género en la planificación y ejecución de todas las políticas públicas regionales.

Se debe hacer mención a los planes de igualad que buscan integrar la perspectiva de género en diferentes ámbitos, como el empleo, la educación, la salud y la participación política. Estos planes incluyen acciones específicas para promover la igualdad de oportunidades y tratar de eliminar las barreras que impiden la plena participación de las mujeres en todos los aspectos de la vida.

En el ámbito educativo se han implantado programas que incluyen contenidos sobre igualdad de género, dirigidos a promover los valores de igualad, respeto y no discriminación desde las etapas más tempranas de la educación. Además se ha puesto en marcha ciertas iniciativas para fomentar la igualdad de género en el ámbito laboral, incluyendo la promoción de los planes de igualdad en las empresas y la lucha contra la brecha salarial de género.

d. Cantabria

El Estatuto de Autonomía de Cantabria, incluye las políticas de genero dentro de sus competencias exclusivas. En concreto, el artículo 24 número 22, señala dentro de las mismas la "asistencia, bienestar social y desarrollo comunitario incluida la política juvenil, para las personas mayores y de promoción de la igualdad de la mujer.

En el año 2004, se aprobó la Ley 1/2004, de 1 de abril para la Prevención de la Violencia contra las Mujeres y la Protección a sus Víctimas.

Tras su implementación, se han emitido varios decretos, órdenes y resoluciones para su desarrollo, destacando por su importancia el Decreto 64/2006, del 8 de junio. Dicho Decreto efectúa un desarrollo exhaustivo de la Ley mencionada, estructurándose en ocho capítulos que abordan desde las Disposiciones Generales hasta la Coordinación Administrativa, pasando por Investigación, Sensibilización, Información, Seguimiento de la Violencia de Género, Protección de las víctimas y el Sistema de Asistencia y Acogimiento. Anteriormente a la aprobación de esta Ley, se habían establecido tres Planes para la Igualdad de Oportunidades entre Hombres y Mujeres.

e. Castilla la Mancha

El Estatuto de Autonomía de Castilla-La Mancha, aprobado por la L.O. 9/1982 y modificado por la L.O. 3/1997, de 3 de julio, recoge que se debe propiciar la efectiva igualdad del hombre y la mujer y la plena participación de la mujer en la vida social. Dentro de las competencias exclusivas previstas en el artículo 30, incluye la "asistencia social y servicios sociales. Promoción y ayuda a los menores, jóvenes, tercera edad, emigrantes, minusválidos y demás grupos sociales necesitados de especial atención, incluida la creación de centros de protección, reinserción y rehabilitación". Sin duda, en el concepto de "asistencia social» se incluye lo relativo a la promoción de la mujer, políticas de género y, por ende, la violencia de género, y también estaría incluida en el inciso que el mencionado artículo hace de «los demás grupos sociales necesitados".

La Comunidad Autónoma ha creado recursos para proteger a las mujeres maltratadas, entre los que se encuentra: Casas de Acogida, Centros de Urgencias, Centros de atención a mujeres jóvenes, Teléfono gratuito de atención 24 horas y programas de asistencia jurídico-procesal y psicológica[245].

En el año 2001 se vio la necesidad de aprobar la Ley 5/2001, de 17 de mayo, de Prevención de Malos Tratos y Protección a Mujeres Maltratadas, y que tiene como objeto dar una mayor protección y prevenir la violencia contra las mujeres, así como proteger y asistir a las víctimas. En el año 2002, se aprobó el Decreto 38/2002, de 12 de marzo, que desarrolla las previsiones contenidas en la misma, sobre todo en lo referente a sensibilización, prevención, asistencia y ayudas.

Otra de las piezas clave en el marco legislativo de Castilla la Mancha ha sido la Ley 12/2010, de 18 de noviembre, de igualdad entre mujeres y hombres de Castilla-La Mancha. Esta ley promueve la igualdad efectiva de género e incluye medidas para su integración en todas las políticas públicas de la administración regional. Además, se han regulado las unidades de igualdad de género en la Administración Pública para garantizar la aplicación y seguimiento de estas políticas.

No se debe dejar a un lado otra de las normas aprobadas recientemente con la finalidad de adoptar normas y políticas públicas hacia la no discriminación por orientación sexual, y que ha sido un paso más a la lucha de los derechos de las personas LGTBI, como es la Ley 5/2022, de 6 de mayo, sobre Diversidad Sexual y Derechos LGTBI.

f. Castilla y León

Castilla y León ha llevado a cabo desde hace muchos años medidas para conseguir la igualdad de género, adoptando medidas para erradicar la violencia de género, en el I Plan Integral para la Igualdad de Oportunidades de la Mujer para el período 1994- 1996 y en el II Plan Integral de Igualdad de Oportunidades para la Mujer 1996-2000

---

245 CABRERA MERCADO, R. y CARAZO LIÉBANA, M. J. *Análisis de la legislación autonómica sobre violencia de género*", Óp. cit. p. 78

En el año 2002 se aprobó el Plan Regional contra la Violencia hacia la Mujer en Castilla y León, surgido, como complemento y desarrollo en materia de violencia de género, del III Plan Integral de Igualdad de Oportunidades entre Mujeres y Hombres de Castilla y León[246].

El Estatuto de Autonomía de Castilla y León atribuye competencias exclusivas en materia de promoción de la igualdad de la mujer a la Comunidad Autónoma. En el ejercicio de esta competencia, se aprobó la Ley 1/2003, de 3 de marzo, de Igualdad de Oportunidades entre Mujeres y Hombres en Castilla y León, y la cual tiene como finalidad la adopción de medidas de acción positiva para la corrección de desigualdades por razón de género.

Por Ley 7/2007, de 22 de octubre, de modificación de la Ley 1/2003, de 3 de marzo, de Igualdad de Oportunidades entre Mujeres y Hombres de Castilla y León, se ha dado establecido que: "La Administración Autonómica se personará en los procedimientos penales sobre violencia contra mujeres en la forma y condiciones establecidos por la legislación procesal, siempre que las circunstancias lo aconsejen y la víctima o sus familiares hasta el cuarto grado lo soliciten. Reglamentariamente se determinará el procedimiento administrativo dirigido a autorizar el ejercicio de las acciones judiciales en estos casos".

El Decreto 116/2007, de 29 de noviembre viene a dar cumplimiento a este mandato legal, regulando el ejercicio de acciones judiciales por parte de la Administración de la Comunidad de Castilla y León en los procesos penales por violencia contra las mujeres[247].

Nace entonces el II Plan contra la Violencia de Género de Castilla y León, Plan que, de forma coordinada y complementaria al IV Plan de Igualdad de Oportunidades entre Mujeres y Hombres de Castilla y León, donde se marca las líneas generales que la Junta de Castilla y León va a poner en marcha para el período 2007-2011 en materia de eliminación de la violencia contra las mujeres.

En el año 2010, se aprobó de forma consecutiva, la Ley 13/2010, de 9 de diciembre, contra la violencia de género en Castilla y León. Además, al año siguiente la Ley 1/2011, de 1 de marzo, de Evaluación del Impacto de Género, que establece la obligación de incorporar la evaluación del impacto de género en la elaboración de normativas y planes de especial

---

[246] Ibídem, p. 82.

[247] Ibídem, p. 81.

relevancia económica y social. Esta ley busca garantizar que la igualdad de oportunidades entre mujeres y hombres y la transversalidad de género estén presentes en todas las políticas públicas.

g. Cataluña

El Parlamento Catalán aprobó como instrumento de aplicación de la integración de la dimensión de género, la Ley 4/2001, de 9 de abril, de modificación del apartado 2 del artículo 63 de la Ley 13/1989, de 14 de diciembre, de organización, procedimiento y régimen jurídico de la Administración de la Generalitat de Catalunya.

Así, al modificarse el artículo 63 de la Ley 13/1989, quedó redactado de la siguiente manera: "Artículo 63. 1. La elaboración de disposiciones de carácter general la inicia el centro directivo correspondiente. 2. La propuesta de disposición tiene que ir acompañada de una memoria, que tiene que expresar en primer lugar el marco normativo en el que se inserta la propuesta, tiene que justificar la oportunidad y la adecuación de las medidas propuestas a los fines que se persiguen, tiene que valorar la perspectiva de igualdad de género y tiene que hacer referencia a las consultas que se pueden haber formulado y a otros datos de interés para conocer el proceso de elaboración de la norma. A la propuesta de disposición también deben adjuntarse: a. Un estudio económico en términos de coste-beneficio. b. Una lista de las disposiciones afectadas por la nueva propuesta. c. La tabla de vigencias de disposiciones anteriores sobre la misma materia, en la que se tienen que consignar de una manera expresa las que tienen que quedar totalmente o parcialmente derogadas. d. Un informe interdepartamental de impacto de género de las medidas que establece la disposición."

Posteriormente el 15 de mayo de 2001, se le atribuyó al Instituto Catalán de la Mujer la elaboración del informe interdepartamental de impacto de género "El informe interdepartamental de género", es un informe jurídico que representa un método de evaluación ex ante de las normas y que tiene naturaleza jurídica preceptiva y no vinculante.

Por su parte, el Estatuto de Cataluña da un trato muy sensible a las mujeres y aborda de forma específica los derechos de las mujeres ante la violencia machista. En el artículo 19 recoge como derechos de las mujeres, el libre desarrollo de la personalidad y la capacidad personal, y vivir con dignidad, seguridad y autonomía, libres de explotación, maltratos y todo tipo de discriminación, y más adelante, en el artículo 41.3 establece como uno de los principios rectores de las políticas públicas el deber de garantizar que se haga frente de modo integral a todas las formas de violencia contra las mujeres y a los actos de carácter sexista y discriminatorio, y, asimismo, establece el deber de fomentar el reconocimiento del papel de las mujeres en los ámbitos cultural, histórico, social y económico, y el de promover la participación de los grupos y las asociaciones de mujeres en la elaboración y evaluación de dichas políticas. El artículo 153 aborda las políticas de género disponiendo que corresponde a la Generalidad la competencia exclusiva de la regulación de las medidas y los instrumentos para la sensibilización sobre la violencia de género y para su detección y prevención, así como la regulación de servicios y recursos propios destinados a conseguir una protección integral de las mujeres que han sufrido o sufren este tipo de violencia.

En el año 2008, en base a lo dispuesto en el Estatuto se aprueba la Ley 5/2008, de 24 de abril de los derechos de las mujeres para la erradicación de la violencia machista.

h. Ceuta y Melilla

El 9 de marzo de 2007, se formalizó un Acuerdo Marco de Colaboración Institucional entre la Delegación del Gobierno y la Ciudad Autónoma de Ceuta, enfocado en la lucha contra la violencia de género. Este acuerdo contempla la creación de un equipo especializado en el ámbito educativo con el objetivo de iniciar la implementación de un protocolo específico para la identificación y actuación frente a situaciones de violencia de género dentro de los entornos educativos.

En cuanto a la recuperación integral de las mujeres afectadas por esta problemática, se han lanzado iniciativas centradas en la capacitación y la integración laboral de las víctimas, originadas a partir de diversos proyectos.

Además, este marco de colaboración define un método de coordinación institucional para mejorar la prevención y la asistencia a las víctimas de violencia de género, ratificando la importancia de la cooperación entre distintas instituciones para abordar de manera eficaz esta cuestión.

En Melilla por su parte no hay una legislación específica en materia de igualdad sin embargo, se han adoptado políticas públicas para conseguir la igualdad de género en diferentes ámbitos, salud, urbanismo, economía, trabajo, entre otros.

i. Comunidad de Madrid

La Comunidad de Madrid, ha sido una de las Comunidades Autonómicas pioneras en conseguir la igualdad de géneros. De hecho, uno de los problemas más importantes, la violencia de género, Madrid ya en el año 1984 implantó los servicios necesarios de atención a las mujeres víctimas de violencia de género y se inauguró la Primera Casa de Acogida. A partir de este momento se aprobaron una serie de Planes de Igualdad de Oportunidades, que contemplaron medidas concretas dirigidas a asistir a las mujeres víctimas de Violencia de Género.

En el año 2001 se aprueba el Programa de Acciones contra la Violencia de Género (2001-2004), que constituyó un avance de uno de los objetivos del IV Plan de Igualdad de Oportunidades de Mujeres y Hombres y que desarrolló importantes acciones en las áreas de prevención, atención y apoyo a las víctimas y cooperación y coordinación institucional y social, y permitió sentar las bases de una red de asistencia y protección para las mujeres víctimas de Violencia de Género, mereciendo ser destacado el papel que las Corporaciones Locales han venido desempeñando en el desarrollo de estas tareas a lo largo de los últimos años, al colaborar estrechamente con la Administración regional en su empeño por desterrar de nuestra sociedad la lacra que representa la Violencia de Género.

Ya en el año 2003 se aprobó el Decreto 256/2003, de 27 de noviembre, del Observatorio Regional de la Violencia de Género, como órgano integrador de las políticas contra la Violencia de Género que se lleven a cabo en el ámbito de la Administración Regional.

Así mismo, en el año 2005 se aprobó la Ley 5/2005, de 20 diciembre, la cual tiene como finalidad prevenir y combatir la Violencia de Género, desde una perspectiva integral, atendiendo a todas las posibles situaciones en las que se manifiesta la Violencia de Género ejercida por el hombre hacia la mujer, como expresión de desigualdad.

En el año 2019, se ha publicado una guía titulada "Urbanismo y Género" destinada a la elaboración de Informes de Evaluación de Impacto de Género en el sector del urbanismo. Este documento tiene como objetivo integrar la perspectiva de género en la planificación urbanística, asegurando que las ciudades y municipios atiendan las necesidades de todas las personas, independientemente de su sexo/género, edad, funcionalidad, origen cultural o situación socioeconómica, y promoviendo espacios urbanos disfrutables por todos.

Por último, la Estrategia Madrileña para la Igualdad de oportunidades entre Mujeres y Hombres 2018-2022, es la materialización del compromiso del Gobierno de la Comunidad de Madrid de impulsar la igualdad efectiva y real entre mujeres y hombres. Para su elaboración se ha partido de las recomendaciones de la evaluación del IV Plan de Igualdad de Oportunidades entre Mujeres y Hombres de la Comunidad de Madrid y ha sido indispensable la colaboración de las distintas consejerías del Gobierno de la región así como el Consejo de la Mujer y Radio Televisión Madrid, S.A[248].

j. Navarra

La Comunidad Foral de Navarra se ha centrado especialmente en la violencia de género, de hecho, se aprobó la Ley Foral 22/2002, de 2 de julio, para la adopción de medidas integrales contra la violencia sexista, modificada por la Ley Foral 12/2003, de 7 de marzo. Se aprobó la adopción de medidas integrales para luchar contra la violencia sexista, en el ámbito educativo, social o económico.

A partir de la Ley Orgánica 1/2004, de 28 de diciembre, de Medidas Integrales contra la Violencia de Género, se adoptó por parte de Navarra una serie de medidas para luchar contra este tipo de violencia símbolo más brutal de la desigualdad de género existente. Más tarde se desarrollado por el Reglamento 116 de medidas integrales contra la violencia sexista de Navarra.

Ya en el año 2019, se aprobó la Ley Foral 17/2019, de 4 de abril, de igualdad entre mujeres y hombres que tiene por objeto promover las condiciones para que el derecho constitucional a la igualdad entre mujeres y hombres en la Comunidad Foral de Navarra sea real y efectivo en todos los ámbitos y etapas de la vida. Para ello se debe impulsar un cambio de valores que fortalezca la posición social, económica y política de las mujeres, que permita reforzar su autonomía y empoderamiento y eliminar los obstáculos que impidan o dificulten el avance hacía una sociedad navarra libre, justa, democrática y solidaria.

k. Comunidad Valenciana

El Estatuto de Autonomía de la Comunidad Valenciana, aprobado por la Ley Orgánica 1/2006, de 10 de abril, establece que es competencia de esta Comunidad, promover las condiciones para que los derechos sociales de los ciudadanos valencianos sean objeto de una aplicación real y efectiva, estableciendo del mismo modo, como uno de los principales ámbitos de actuación la defensa integral de la familia.

En el año 2003, se aprobó la Ley 9/2003, de 2 de abril, para la igualdad entre mujeres y hombres, que pretende establecer una serie de medidas y

---

[248] https://www.comunidad.madrid/transparencia/informacion-institucional/planes-programas/estrategia-madrilena-igualdad-oportunidades-mujeres-y

garantías en el ámbito de la Comunidad Valenciana dirigidas a la eliminación de la discriminación y a la consecución del ejercicio de los derechos humanos y las libertades fundamentales para las mujeres sobre la base de la igualdad de mujeres y hombres.

Posteriormente se aprobó la Ley 9/2007, de 12 de marzo, de la Generalitat, de Renta Garantizada de ciudadanía de la Comunidad Valenciana. La renta garantizada de ciudadanía se configura como el derecho a una prestación económica gestionada por la red pública de servicios sociales, de carácter universal, vinculada al compromiso de los destinatarios de promover de modo activo su inserción socio laboral y cuya finalidad es prestar un apoyo económico que permita favorecer la inserción socio laboral de las personas que carezcan de recursos suficientes para mantener un adecuado bienestar personal y familiar, atendiendo a los principios de igualdad, solidaridad, subsidiariedad y complementariedad.

En el año 2007, se aprobó la Ley 7/2012, de 23 de noviembre, integral contra la violencia sobre la mujer en el ámbito de la Comunitat Valenciana, que tiene como objetivo la adopción de medidas integrales para la erradicación de la violencia sobre la mujer, en el ámbito competencial de la Generalitat, ofreciendo protección y asistencia tanto a las mujeres víctimas de la misma como a sus hijos e hijas menores y/o personas sujetas a su tutela o acogimiento, así como las medidas de prevención, sensibilización y formación con la finalidad de implicar a toda la sociedad de la Comunitat Valenciana.

l. Extremadura

En Extremadura, la Ley 8/2011, de 23 de marzo, de Igualdad entre Mujeres y Hombres y Contra la Violencia de Género, destaca como un hito legislativo clave. Esta ley busca lograr la igualdad real y efectiva entre mujeres y hombres y erradicar la violencia de género. Desde su promulgación, Extremadura ha integrado la perspectiva de igualdad de género en todas sus políticas públicas, siendo un referente en la implementación de acciones concretas para asistir a las mujeres víctimas de violencia de género y promover la igualdad de oportunidades.

El IV Plan Estratégico para la igualdad de hombres y mujeres en Extremadura, el cual adopta un enfoque holístico que permite trabajar en materia de igualdad en todas las esferas, a pesar de la situación identificada de estancamiento e incluso retroceso que atraviesa la comunidad autónoma y el país, en coherencia con lo estipulado en la Ley 8/2011, de 23 de marzo, de Igualdad entre Mujeres y Hombres y contra la Violencia de Género en

Extremadura, que de forma específica en el artículo 25. Plan Estratégico para la Igualdad entre Mujeres y Hombres establece: "La Junta de Extremadura, a propuesta de la Consejería competente en materia de igualdad y con el dictamen del Consejo Extremeño de Participación de las Mujeres, aprobará cada cuatro años el Plan Estratégico para la Igualdad entre Mujeres y Hombres. El Plan contendrá las líneas prioritarias y las medidas destinadas a alcanzar la plena igualdad entre mujeres y hombres y para eliminar la discriminación por razón de sexo".

A nivel autonómico, el IMEX, en cumplimiento a las funciones que tiene encomendadas por la Ley 11/2001, de 10 de octubre, de creación del Instituto de la Mujer de Extremadura, asume la función de elaborar el Plan: Artículo 3.1. Planificar y, en su caso, ejecutar el conjunto de medidas dirigidas a eliminar las trabas que impidan o dificulten la igualdad real y efectiva entre los sexos, y en especial desarrollar el Plan para la Igualdad de Oportunidades de las Mujeres de Extremadura.

m. Galicia

En el año 2004, Galicia aprobó La Ley 7/2004, de 16 de julio, Gallega para la Igualdad de Mujeres y Hombres, la cual pretende, eliminación de la discriminación entre mujeres y hombres y en la promoción de la igualdad, atribuyéndole la mayor efectividad posible, en su campo de competencias, al principio constitucional de igualdad de oportunidades entre las personas de ambos sexos, de conformidad con las obligaciones impuestas a los poderes públicos de Galicia en el artículo 4 de la Ley orgánica 1/1981, de 6 de abril, del Estatuto de autonomía para Galicia.

En el año 2007, la Ley 11/2007, de 27 de julio, gallega para la prevención y el tratamiento integral de la violencia de género cuyo objeto es la adopción en Galicia de medidas integrales para la sensibilización, prevención y tratamiento de la violencia de género, así como la protección y apoyo a las mujeres que la sufren.

Seis años más tarde, el Gobierno gallego aprobó el 14 de febrero de 2013 el VI Plan gallego de Igualdad entre mujeres y hombres. Estrategia 2013-2015 con el objetivo general de avanzar en la construcción de una sociedad más próspera, plural y cohesiva, en la que la igualdad entre mujeres y hombres sea cada vez más una realidad efectiva en todos los espacios de la vida pública y privada de Galicia.

El VI Plan tiene entre sus fines el de impulsar y fortalecer la consideración de la igualdad de género como un elemento transversal en todas las políticas y acciones de la administración pública gallega y, por lo tanto, no abordar este tema únicamente bajo un enfoque de acciones directas y específicas a favor de las mujeres. La transversalidad de género es un imperativo legal, pero sobre todo es una herramienta esencial en el diseño de políticas públicas no discriminatorias en las que se atiende a las diferencias entre hombres y mujeres y se evalúan sus efectos en función del género.

n. Islas Baleares

En el año 2000, se creó el Instituto Balear de la Mujer y, en ejercicio de sus funciones, se procedió a la aprobación de tres planes de actuación para la igualdad de oportunidades entre hombres y mujeres. El último de ellos fue el III Plan, previsto para el período 2002-2005.

Posteriormente se aprobó la Ley 11/2016, de 28 de julio, de igualdad de mujeres y hombres es un ejemplo destacado de la legislación adoptada para promover la igualdad de género y combatir la discriminación. Esta ley establece el marco legal para garantizar la igualdad entre mujeres y hombres en todos los ámbitos de la vida, incluyendo el trabajo, la educación, y la salud, entre otros. También promueve la evaluación del impacto de género en las políticas públicas, asegurando que todas las iniciativas gubernamentales consideren las diferencias y necesidades específicas de mujeres y hombres para promover una sociedad más equitativa.

Además, se han implementado políticas públicas y programas específicos dirigidos a la prevención de la violencia de género, la promoción de la igualdad en el empleo, y la inclusión de la perspectiva de género en el ámbito educativo.

o. La Rioja

El Parlamento de La Rioja ha aprobado recientemente la Ley 7/2023, de 20 de abril de igualdad efectiva de mujeres y hombres de La Rioja, La presente ley tiene como objetivo la consecución de igualdad real y efectiva de mujeres y hombres y la eliminación de cualquier tipo de discriminación por razón de sexo, principios jurídicos, ambos, universalmente reconocidos. Con tal fin se establecen los principios generales que han de presidir la actuación de los poderes públicos, así como medidas y recursos dirigidos a promover y garantizar la igualdad de oportunidades y la no discriminación por razón de género en cualquiera de los ámbitos, etapas y circunstancias de la vida, y se incorpora la transversalidad de la igualdad de género como principio informador de todas las políticas públicas.

Un año antes ya se había aprobado la Ley 11/2022, de 20 de septiembre, contra la Violencia de Género de La Rioja la cual tiene como objeto actuar frente a la violencia de género como manifestación de la desigualdad, la discriminación y las relaciones de poder asimétricas entre mujeres y hombres. Se entenderá como violencia de género toda violencia contra una mujer por el hecho de serlo o que afecte a las mujeres de manera desproporcionada.

p. País Vasco

Según señala la Ley 1/2022, de 3 de marzo, de segunda modificación de la Ley para la Igualdad de Mujeres y Hombres, la Ley 4/2005, de 18 de febrero, para la Igualdad de Mujeres y Hombres, supuso un antes y un después en la historia de las políticas de igualdad de la Comunidad Autónoma de Euskadi, ya que permitió establecer y desarrollar un marco jurídico sólido que dotó a dichas políticas de mayor fuerza vinculante y simbólica y de más medios y peso político.

Gracias a su implantación, entre otros logros, se han incrementado significativamente los recursos económicos, humanos y materiales destinados por las administraciones públicas vascas a las estructuras de impulso de la igualdad. Asimismo, se han aumentado notablemente en dichas administraciones los planes de igualdad, las estructuras de coordinación y las redes de colaboración, así como el personal empleado público con formación en la materia. También se han incrementado exponencialmente las empresas y organizaciones privadas que cuentan con un plan o distintivo en materia de igualdad de mujeres y hombres.

De conformidad con lo establecido en la disposición final octava de la Ley 1/2022, de 3 de marzo, de segunda modificación de la Ley para la Igualdad de Mujeres y Hombres, se aprueba el texto refundido de la Ley para la Igualdad de Mujeres y Hombres y Vidas Libres de Violencia Machista contra las mujeres. Su objeto es establecer los principios generales que han de presidir la actuación de los poderes públicos en materia de igualdad de mujeres y hombres, así como regular un conjunto de medidas dirigidas a promover y garantizar la igualdad de oportunidades y trato de mujeres y hombres en todos los ámbitos de la vida y, en particular, a promover el empoderamiento de las mujeres, su autonomía y el fortalecimiento de su posición social, económica y política al objeto de eliminar la desigualdad estructural y todas las formas de discriminación por razón de sexo, incluida la violencia machista contra las mujeres. Todo ello con el fin último de lograr una sociedad igualitaria y libre de violencia machista en la que todas las personas sean libres, tanto en el ámbito público como en el privado, para desarrollar sus capacidades personales y tomar decisiones sin las limitaciones impuestas por los roles tradicionales en función del género, y en la que se tengan en cuenta, valoren y potencien por igual las distintas conductas, aspiraciones y necesidades de mujeres y hombres (art. 1).

k. Asturias

En Asturias, la Ley 2/2011, de 11 de marzo, para la Igualdad de Mujeres y Hombres y la Erradicación de la Violencia de Género, es una de las principales normativas adoptadas para promover la igualdad de género y combatir la violencia contra las mujeres. Esta ley establece un marco legal para garantizar la igualdad de oportunidades entre mujeres y hombres en todos los ámbitos de la vida y para prevenir y erradicar cualquier forma de violencia de género en la comunidad autónoma.

La legislación incluye medidas para integrar la perspectiva de género en las políticas públicas, promover la igualdad en el ámbito laboral, educativo y en la vida política y social, así como para proteger a las víctimas de violencia de género. Además, se han desarrollado programas y acciones específicas para implementar esta ley y para avanzar en la igualdad efectiva de género en Asturias.

l. Murcia

En Murcia se aprobó la Ley 7/2007, de 4 de abril, para la Igualdad entre Mujeres y Hombres, y de Protección contra la Violencia de Género en la Región de Murcia. La Ley tiene por objeto hacer efectivo el principio de igualdad de mujeres y hombres en la Comunidad Autónoma de la Región de Murcia, mediante la regulación de aquellos aspectos orientados a la promoción y consecución de dicha igualdad, y a combatir de modo integral la violencia de género, conforme al principio constitucional de igualdad de oportunidades de las personas de ambos sexos y a la Ley Orgánica 4/1982, de 9 de junio, de Estatuto de Autonomía para la Región de Murcia, en su artículo 9.2.b).

Además, no se puede dejar de mencionar los planes en materia de igualdad así como el plan estratégico para la igualdad de mujeres y hombres del municipio de Murcia (2021-2023).

La implementación de políticas de igualdad de género y la integración de la perspectiva de género en España presentan una notable variabilidad entre sus Comunidades Autónomas. Esta diversidad se refleja en la rapidez y en el enfoque adoptado por cada región en la promulgación de leyes y políticas relacionadas con la igualdad de género. Algunas Comunidades Autónomas han sido pioneras en la introducción de legislación específica dirigida a combatir la violencia de género, estableciendo marcos legales robustos en esta área desde etapas tempranas. Por otro lado, otras regiones han dirigido sus esfuerzos hacia la creación de leyes de igualdad más amplias y políticas públicas orientadas a fomentar la equidad de género en un sentido más general, abordando la problemática de la violencia de género de manera más tardía.

Esta variación en el ritmo y enfoque de implementación sugiere una respuesta fragmentada a nivel nacional, lo que plantea desafíos para la cohesión y la efectividad de las políticas de igualdad de género en todo el territorio español. La heterogeneidad de las medidas adoptadas refleja no solo diferencias en prioridades políticas y capacidades administrativas entre las Comunidades Autónomas sino también la necesidad de un enfoque más unificado y coordinado que asegure la protección y promoción efectiva de los derechos de igualdad de género en toda España.

Bibliografía

ACALE SÁNCHEZ, M. *La respuesta penal a la violencia de género. Lecciones de diez años de experiencia de una política criminal punitivista,* Comares, Granada, 2010.

AGUDELO GIRALDO, O. "Variabilidad de la regla de reconocimiento: reglas secundarias y metalenguaje prescriptivo del Derecho", *Pensamiento Jurídico,* núm. 44, Chía, 2015, .

AGUILAR MUÑOZ, A. "Igualdad, discriminación y acción positiva", *Derecho laboral: Revista de doctrina, jurisprudencia e informaciones sociales,* núm. 249, Madrid, 2013.

ALFONSO, L. "Reflexiones sobre la libertad, la seguridad y el Derecho", *Justicia Administrativa,* núm. 21, Madrid, 2003.

ÁLVAREZ CONDE, E. *Estudios interdisciplinares sobre igualdad,* Iustel, Madrid, 2008.

ANZURES GURRÍA, J. "La eficacia horizontal de los Derechos Fundamentales", Revista Mexicana de Derecho Constitucional, núm. 22, México D. F., 2010.

AROZAMENA SIERRA, J. "Principio de igualdad y Derechos Fundamentales", en *El principio de igualdad en la Constitución española,* por Fernando VALDÉS DAL-RE, XI Jornadas de Estudio, Ministerio de Justicia, Secretaría General Técnica, Madrid, 1991.

ATIENZA, M. y RUIZ MANERO, J. "La regla de reconocimiento y el valor normativo de la Constitución (Una aproximación desde la teoría del Derecho)", *Revista Española de Derecho Constitucional,* núm. 47, Madrid, 1996,.

AYER, A. J. *Lenguaje, verdad y lógica,* trad. M. Suárez, Martínez Roca, Barcelona, 1971.

BAÑO LEÓN, J.M. "La igualdad como Derecho público subjetivo", Revista de Administración Pública, núm. 114, Madrid, 1987.

BLANC, N. *La Constitución chilena, Centro de Estudios y Asistencia Legislativa,* Tomo I, Universidad Católica de Valparaíso, Santiago de Chile, 1990.

BOBBIO, N. *El problema del positivismo jurídico,* Fontamara, México D. F., 1965.

BOCK G. *La mujer en la historia de Europa,* Crítica, Barcelona, 2001.

CELA TRULOK, C. J. "Diario de Sesiones del Senado", *Comisión Constitucional,* núm. 43, Madrid, 1978.

CHRISTIAN, J. *Las egipcias: retratos de las mujeres del Egipto faraónico,* Planeta De Agostini, Barcelona, 2011.

CIANCIARDO ZAMBRANO, J. "Los límites de los Derechos Fundamentales", *Dikiaion: revista de actualidad jurídica,* núm.10, Chía, 2001.

CRUZ VILLALÓN, P. "Formación y evolución de los Derechos Fundamentales", *Revista Española de Derecho Constitucional,* núm. 25, Madrid, 1989.

DÍAZ GARCÍA, E. "Teoría General del Estado de derecho", *Revista de Estudios políticos,* núm. 131, Madrid, 1963.

DÍEZ MINGUELA, A. Desigualdad de Género: ¿Por qué importa la historia? (I), *Politikon*, Madrid, 2015.

D'SOUZA, A. *Camino del trabajo decente para el personal de servicio doméstico: panorama de la labor OIT*, Oficina Internacional de Trabajo, Ginebra, 2010.

DORADO PORRAS, J. "Iusnaturalismo y Positivismo jurídico", *Cuadernos Bartolomé de las Casas* núm. 33, Madrid, Dykinson. 2004.

FASSÓ, G. "Iusnaturalismo", *Diccionario de Política*, Madrid: Siglo XXI editores, Madrid, 1991.

FERNÁNDEZ PEYCHAUX, D. "El concepto de Derecho en Locke", *Araucaria, Revista Iberoamericana de Filosofía, Política y Humanidades*, núm. 13, Sevilla, 2011.

FERRAJOLI, L. *Derechos y garantías. La ley del más* débil, Trotta, Madrid, 2004.

FIGEROA BELLO, A. "Aproximaciones teóricas de la igualdad en la normativa constitucional española", *Revista Mexicana de Derecho Constitucional*, núm. 26, Coyoacán, 2012.

FIGUERUELO BURRIEZA, Á. "El discurso jurídico: la mujer en la Constitución española", en *Las mujeres en la Constitución europea*, por Ángela FIGUERUELO BURRIEZA, y Teresa LÓPEZ DE LA VIEJA, *Estudios multidisciplinares de género, Ediciones Universidad de Salamanca-Centro de Estudios de la Mujer*, Salamanca, 2005.

GAVARA DE CARA, J.C. "Los Derechos Fundamentales", en *Desarrollo, rasgos de identidad y valorización en el XXV Aniversario (1978-2003)*, J. M. Bosch, Instituto de ciencias políticas y sociales, Madrid, 2004.

FREIXES SANJUÁN, T. Y REMOTTI CARBONELL, J. C. "Los valores y principios en la interpretación constitucional", *Revista Española de Derecho Constitucional*, núm. 35, Madrid, 1992.

FUERTES-PLANAS ALEIX, C. "Validez, obligatoriedad, y eficacia del Derecho", *Anuario de Derechos Humanos*, Nueva Época, vol. 8, Madrid, 2007.

GÁLVEZ MUÑOZ, L. "La cláusula general de igualdad", *Anales del Derecho*, núm. 21, Murcia, 2003.

PICO LORENZO, C. "La Carta de los Derechos Fundamentales de la Unión Europea", *Revista Unión Europea Aranzadi*, núm. 11, Madrid, 2009.

GARCÍA DE ENTERRÍA, E. "La posición jurídica del Tribunal Constitucional en el sistema español; posibilidades y perspectivas", *Revista Española de Derecho Constitucional*, vol.1, núm. 1, Madrid, 2014.

GARCÍA MERCADEL, F. *La presencia de la mujer en la vida política y parlamentaria española; de la conquista del voto femenino a la democracia paritaria*, Instituto de Estudios Almerienses, Almería, 2001.

GARCÍA, R. "La regla de reconocimiento de H.L.A. Hart", *Papeles de teoría y filosofía del Derecho*, núm. 8, Madrid, 2010.

GAVARA DE CARA, J. C. "Derechos Fundamentales y desarrollo legislativo. La garantía del contenido esencial de los Derechos Fundamentales en la ley de Bonn", *Estudios Constitucionales*, Madrid, 1994.

GÓMEZ SÁNCHEZ, Y. *Derecho constitucional europeo*, Sanz y Torres, Madrid, 2015.

GONZÁLEZ HINOJOSA, R. "Hacia una fundamentación ontológica de los Derechos Humanos a través del Iusnaturalismo", *Ciencia ergo sum*, vol. 9, núm. 2, México D. F., 2002.

GONZÁLEZ LOSANO, M. "Norberto Bobbio y el Positivismo jurídico", *Derechos y libertades: Revista del Instituto Bartolomé de las Casas,* núm. 17, Madrid, 2007.

GUASTINI, R. *La Sintaxis del Derecho,* Marcial Pons, Madrid, 2016.

HARGOUS, V. "El concepto de Derecho y el conocimiento de lo justo en Francesco Viola", *Dikaion: Revista de actualidad jurídica,* núm. 27, Chía, 2018.

HART, H. L. El concepto de Derecho, Editora Nacional, México D. F., 1980.

HERMIDA DEL LLANO, C. "La Universalidad racional de los derechos", *Bajo palabra, revista de filosofía, II Época,* núm. 8, 2013, p. 40.

HERMIDA DEL LLANO, C. *Los Derechos Fundamentales en La Unión Europea,* Anthropos, Barcelona, 2013.

HERNÁNDEZ, J. F. "Iusnaturalismo de Thomas Hobbes", *Criterio jurídico,* vol. 10, núm. 1, Cali, 2010.

KANT, I. *Metafísica de las costumbres,* Tecnos, Madrid, 1989.

KRAVR, V. *El Círculo de Viena,* trad. F. Gracia, Taurus, Madrid, 1966.

LARRAURI PIJOAN, E. "Desigualdades sonoras, silenciosas y olvidadas: género y derecho penal", *Anuario de la Facultad de Derecho de la Universidad Autónoma de Madrid,* núm. 13, Madrid, 2009.

LAURENZO COPELLO, P. "La violencia de género en la ley integral", *Revista electrónica de ciencia penal y criminología,* núm. 54, Granada, 2005.

LOCKE, J. *Segundo Tratado sobre el Gobierno Civil: un ensayo acerca del verdadero origen, alcance y fin del gobierno civil,* Tecnos, Madrid, 2006.

LÓPEZ GUERRA, L. *Introducción al Derecho constitucional,* Tirant lo Blanch, Valencia, 1994.

LÓPEZ LÓPEZ, J. "Los principios rectores de la LO 3/2007 sobre igualdad efectiva entre mujeres y hombres a la luz de las estrategias de Gender Mainstreaming yempowerment", *Revista del Ministerio de Trabajo e Inmigración, número extraordinario,* núm. 2, Madrid, 2007.

LÓPEZ RODÓ, L. "El principio de igualdad en la jurisprudencia del Tribunal Constitucional", *Revista de Administración Pública,* núm. 100, Madrid, 1983.

LORCA NAVARRETE, J. F. "Los Derechos naturales como Derechos Fundamentales", *La Ley,* Madrid, 1989.

MARTÍNEZ MUÑOZ, J. A. "Igualdad jurídica y de género, Anuario de Derechos Humanos", *Nueva Época,* vol. 10, Madrid, 2009, p. 2.

MELERO ALONSO, E. "La flexibilización de la reserva de ley", *Revista jurídica de la Universidad Autónoma de Madrid,* núm. 10, Madrid, 2004.

MONEREO ATIENZA, C. *La igualdad de hombres y mujeres en la Carta de Derechos Fundamentales de la Unión Europea, Investigación y género, Inseparables en el presente y en el futuro: IV Congreso Universitario Nacional "Investigación y Género",* Sevilla, 2012.

MORENO PÉREZ, J. M. "El principio de igualdad en la aplicación de la ley; supervivencia en el ámbito de la doctrina constitucional", *Temas Laborales,* núm. 73, Sevilla, 2004.

NICOLÁS MARÍN, E. *La libertad encadenada. España en la Dictadura franquista 1939-1975,* Alianza, Madrid, 2005.

NICOLÁS MARÍN, E. *La libertad encadenada. España en la dictadura franquista 1939-1975*, Alianza, Madrid, 2005.

NOGUEIRA ALCALÁ, H. "El Derecho a la Igualdad en la jurisprudencia constitucional", *Ius et Praxis*, vol. 2, núm. 2, Santiago de Chile, 1997, p. 236.

OLLERO TASSARA, A. "Relevancia constitucional de la igualdad", en *Homenaje al profesor Mariano Hurtado Bautista, Universidad de Granada*, Granada, 1989, p. 546.

PAEZ CUBA, L. D. Génesis y evolución histórica de la violencia de género, *Contribuciones a las Ciencias Sociales*, Málaga, 2011, p. 5.

PALOMEQUE FERNÁNDEZ, M. "De los Derechos y deberes fundamentales", *en Procedimiento administrativo y servicios de bienestar social* por Miguel TIENDA RUI, Ineprodes, Madrid, 2004.

PÉREZ ROYO, J. *Curso de Derecho Constitucional*, Marcial Pons, Madrid, 2002.

RODRÍGUEZ DEVESA, J. M. *Derecho penal español. Parte especial*, Dykinson, Madrid, 1975.

RODRÍGUEZ-*PIÑERO, M. y BRAVO FERRER. M.* El principio de igualdad en la constitución española, Secretaría general técnica, centro de publicaciones, vol. II, Madrid, 1991,.

ROSE, S. ¿Qué es Historia de Género?, Alianza Editorial, Madrid, 2012.

RUIZ VADILLO, E. *El principio de igualdad en la Constitución española, XI Jornadas de Estudio*, Madrid, Ministerio de Justicia, Secretaría General Técnica, vol. I, 1991.

SÁNCHEZ, J.M. y DIESTRO FERNÁNDEZ, A. *La nueva gobernanza. La participación de la mujer en la política de la Unión Europea ,Oficina de promoción económica y empleo del excelentísimo Ayuntamiento de Salamanca*, Salamanca, 2005.

RUIZ CARBONELL, J. "La evolución histórica de la igualdad entre hombres y mujeres en México", *Biblioteca jurídica virtual del instituto de investigaciones jurídicas de la UNAM*, México D. F., 2019.

RUIZ MIGUEL, A. "La igualdad en la jurisprudencia del Tribunal Constitucional", *Revista Doxa*, 1996, núm. 19, Alicante.

RUIZ RODRÍGUEZ, V. "Santo Tomás de Aquino en la filosofía del Derecho", *Enclaves del pensamiento*, núm. 19, México D. F., 2016.

SEGURA ORTEGA, M. "Problemas interpretativos e indeterminación del Derecho", *Dereito*, vol. 22, Bogotá, 2013, .

SUÁREZ PERTIERRA, G. "Artículo 14, Comentarios a las Leyes Políticas. Constitución Española de 1978", *Revista de Derecho Privado*, tomo II, Madrid, 1984.

TOMÁS Y VALIENTE, F. Manual de Historia del Derecho Español, Instituto de Ciencias Jurídicas, Madrid, 1981.

VEGA GARCÍA, P. "El tránsito del positivismo jurídico al positivismo jurisprudencial en la doctrina constitucional", *UNED. Teoría y Realidad Constitucional*, Madrid, 1998,.

VV. AA. "Los Derechos Fundamentales", en *Derecho constitucional. El ordenamiento constitucional. Derechos y deberes de los ciudadanos*, Tirant lo Blanch, Valencia, 2007.

VV. AA. "El sistema de los Derechos y las libertades fundamentales en la Constitución Española", *Manual de Derecho Constitucional*, Tecnos, vol. 2, Madrid, 2016.

STC 114/1987, de 6 de julio, Fundamento Jurídico 5.

STC 120/1990, de 27 de junio, Fundamento Jurídico 4.

STC 120/1990, de 27 de junio, Fundamento Jurídico 8.

STC 14/ 1985, de 14 de febrero, Fundamento Jurídico 3.

STC 15/1982, de 23 de abril, Fundamento Jurídico 2; STC 245/1993, de 27 de octubre, Fundamento Jurídico 2.

STC 161/2004, de 4 de octubre, Fundamento Jurídico 1.

STC 189/1980, de 8 de abril, Fundamento Jurídico 8.

STC 21/1981, de 15 de junio, Fundamento Jurídico 17.

STC 22/1984, de 17 de febrero, Fundamento Jurídico 3.

STC 25/1981, de 14 de julio, Fundamento Jurídico 5.

STC 71/1982, de 30 de noviembre, Fundamento Jurídico 7.

STC 76/1983, de 5 de agosto, Fundamento Jurídico 2.

STC 83/1984, de 24 de julio, Fundamento Jurídico 4.

STC 86/1984, de 27 de julio, Fundamento Jurídico 4.

STS 9655/1995, de 11 de mayo, Fundamento Jurídico 4.